Ensayos InterAmericanos

Volumen 9

Editores | Herausgeber

Wilfried Raussert
Center for InterAmerican Studies, Universidad de Bielefeld

Olaf Kaltmeier
Center for InterAmerican Studies, Universidad de Bielefeld

Eleonora Rohland

¿Historia entrelazada y el medio ambiente?

Transformaciones socioambientales en el Caribe, 1492-1800

¿Historia entrelazada y el medio ambiente?
Transformaciones socioambientales en el Caribe, 1492-1800.

Autorin: Eleonora Rohland
Übersetzung aus dem Englischen: Erika Abril
Ensayos InterAmericanos, Vol 9
Bielefeld: Kipu-Verlag, 2020

ISBN Print: 978-3-946507-57-4
ISBN E-Book: 978-3-946507-58-1

Diese Publikation wurde unter Verwendung der vom Bundesministerium für Bildung und Forschung (BMBF) bereitgestellten Mittel veröffentlicht.

Cover Image: Maria Tomeczek

Kipu-Verlag
c/o
Center for InterAmerican Studies (CIAS)
Universität Bielefeld
PF 101131
33501 Bielefeld, Deutschland
http://www.uni-bielefeld.de/cias/

Contenido

1

Prefacio e introducción - o: Normalizando la historia ambiental en el Antropoceno

Parte de la narrativa que se desarrollará a lo largo de estas páginas comenzó en una terraza de Sevilla en una sofocante tarde de septiembre de 2017. Estaba almorzando a las tres de la tarde con Heidi Scott, una geógrafa histórica de la Universidad de Massachusetts Amherst que, como yo, estaba investigando sobre la historia ambiental de la América Latina colonial en el Archivo de Indias. Durante las tapas de la tarde, después del archivo, tuvimos una larga conversación sobre la dificultad de enseñar el campo que ambas estábamos investigando, y Heidi sugirió organizar una mesa redonda sobre la enseñanza de la Historia Ambiental de la América colonial en la conferencia anual de la Asociación Histórica Americana (AHA) 2019.

Y así, al final de la primera semana de enero de 2019, Heidi, Gregory Cushman, Davicken Studnicki-Gizbert, Cameron Strang y yo estábamos discutiendo este tema en la conferencia de la AHA en Chicago. Entre muchos otros puntos importantes, estuvimos de acuerdo en que la historia del medio ambiente aún debe ser normalizada.[1] Es decir, a pesar de que la historia ambiental es un campo ya establecido, al menos en Estados Unidos y en muchos países latinoamericanos, lo es menos en Alemania y sigue siendo un campo que se destaca y se trata separadamente de la historia "normal", es decir, política, social y cultural.

Sin embargo, dado que los fenómenos ambientales y climáticos han afectado a sociedades humanas de diversas y a menudo adversas maneras a lo largo de la historia y en el presente, acordamos que una meta sería integrar la historia ambiental de tal manera que sea normal enseñar a los estudiantes los efectos ambientales de la guerra, o la influencia del clima y las enfermedades en los primeros colonos sin

---

1 Agradezco a los cuatro académicos las inspiradoras conversaciones que mantuvieron antes, durante y después de nuestra mesa redonda.

tener que añadir una etiqueta de historia ambiental al curso. En resumen, eliminar el desfase entre naturaleza y cultura en la forma en que enseñamos historia.

Una segunda vertiente de esta narrativa precede al consumo de tapas sevillanas por dos años y comienza en la fría y lluviosa Alemania, en la Universidad de Bielefeld. El departamento de historia latinoamericana de Bielefeld ha estado organizando un proyecto de investigación interdisciplinario titulado "The Americas as a Space of Entanglements" (Las Américas como espacio de Entrelazados), que está vinculado a una larga tradición de Bielefeld de explorar enlaces en el Sur global, el "Bielefelder Verflechtungsansatz", desarrollado a lo largo de los años ochenta (Evers 1986). El contexto del proyecto y las conversaciones con mis colegas me obligaron a pensar más intensa y sistemáticamente en los enlaces/entrelazados históricos en el contexto de mi nuevo proyecto de libro sobre la transformación socio-ambiental en el Caribe colonial. La experiencia inicial en la investigación sobre la literatura de enlaces/historia entrelazada y la crítica postcolonial fue, una vez más, la de mirar directamente al abismo de la división entre naturaleza y cultura. El vértigo resultante se convirtió en el aliciente para querer integrar "la naturaleza" y "el medio ambiente" en el concepto de enlaces, ideas que detallaré un poco más adelante.

La tercera vertiente de esta narrativa se refiere al discurso y a la investigación sobre el Antropoceno. Es una verdad dicha a menudo que los historiadores son hijos de su tiempo, por lo que sus preguntas y enfoque también se ven influenciados por los acontecimientos actuales de su tiempo. Este estudio no es una excepción, y como puede ser evidente, las dos primeras líneas mencionadas anteriormente están estrechamente relacionadas o incluso abarcadas por esta tercera. El "Antropoceno" se ha debatido como una nueva época geológica en la que los humanos se han convertido en una fuerza a escala planetaria en el cambio del planeta desde las capas más profundas de suelo y los océanos hasta la atmósfera superior. Fue propuesto por el químico atmosférico holandés y Premio Nobel Paul Crutzen y por el biólogo estadounidense Eugene Stoermer en 2000 (Crutzen y Stoermer 2000).

Los dos investigadores sugirieron el nuevo término para contrastarlo con el Holoceno aún en curso, que los geólogos están datando, a partir de núcleos de hielo de Groenlandia, de hace 11,700 años (Walker y col. 2009). Esta es la época en la que tuvo lugar la Revolución Neolítica y en la que las civilizaciones humanas se han desarrollado tal y como las conocemos hoy en día.

Este último hecho se debe en gran medida a las relativamente suaves condiciones climáticas que han persistido en todo el Holoceno y que han permitido que los seres humanos se expandan y prosperen en todas las zonas climáticas del planeta. Los seres humanos, especialmente los que viven en el Norte Global, y algunas partes del Sur Global están haciendo lo mismo, poniendo en peligro esta situación al colocar cantidades sin precedentes de CO_2 en la atmósfera a través del uso masivo de combustibles fósiles, por la extracción de recursos no renovables, por los patrones industriales de uso de la tierra, por la contaminación de los suelos y los océanos a través del plástico, y por la extinción masiva de otras especies, por mencionar sólo algunos aspectos que constituyen el concepto (Mauelshagen 2017a, 2017b); Steffen, Grinevald, Crutzen y McNeill 2011).

Los debates que se han desarrollado en las ciencias humanas, sociales y naturales en la última década, y más intensamente en los últimos cinco años, se centran en los puntos de fechado de esta nueva época (las ciencias naturales y algunos historiadores), por un lado, y en el término "Antropoceno" (las humanidades), por otro. Sin embargo, estas son cuestiones centrales sobre las que no voy a entrar en detalles aquí. Más bien, me gustaría señalar un tercer tema que se refiere a la sensación de vértigo sobre la división entre naturaleza y cultura mencionada anteriormente y que toca el corazón de la disciplina histórica tal como ha evolucionado desde finales del siglo XIX.

En su trascendental artículo de 2009 sobre *The Climate of History* (El clima de la historia), Dipesh Chakrabarty explicó cómo el hecho de que los seres humanos están cambiando el clima (y otros sistemas planetarios) explicaba el fin de la separación entre la historia humana y la natural.

> Los seres humanos se han convertido en agentes geológicos muy recientemente en la historia de la humanidad. En ese sentido, podemos decir que la distinción entre historias humanas y naturales, muchas de las cuales habían sido preservadas incluso en las historias ambientales que vieron a las dos entidades en interacción, ha comenzado a colapsar muy recientemente. Ya que no se trata simplemente de que el hombre tenga una relación interactiva con la naturaleza. Esto, los humanos siempre lo han tenido, o al menos así es como se ha imaginado al hombre en gran parte de lo que generalmente se llama la tradición occidental. Ahora se afirma que los humanos son una fuerza de la naturaleza en un sentido geológico. Una suposición fundamental del pensamiento político occidental (y ahora universal) se ha desatado en esta crisis. (Chakrabarty 2009)

En una forma agudamente tangible y material, el Antropoceno trae la realización de cuán profundamente entrelazadas han estado las sociedades humanas con sus entornos, incluso a lo largo de la era fósil y atómica, que creó la impresión de una separación de las sociedades humanas de los límites de la energía planetaria (Mauelshagen 2020).[2] Chakrabarty también señala que el campo de la historia del medio ambiente ha concebido a los seres humanos como agentes biológicos. Sin embargo, esta perspectiva permanece confinada en gran medida a ese sub-campo, mientras que la historia política "general" ha concebido a los seres humanos casi exclusivamente como agentes sociales; suprimiendo no sólo su fuerza biológica sino también geológica. El historiador Franz Mauelshagen ha descrito este cambio paradigmático en términos de las ciencias del sistema terrestre, como seres humanos que se mueven más allá de la biosfera, donde han vivido a

---

2   Utilizo explícitamente el término "sociedades humanas" para abarcar todas las sociedades y no diferenciar entre las sociedades del norte y del sur del mundo, ya que incluso las políticas de desarrollo occidentales; y en América Latina el modelo de desarrollo neoextractivista, se basan en la explotación masiva de fuentes de energía no renovables.

lo largo del Holoceno (Mauelshagen 2019). Dados estos cambios espaciales a gran escala y temporales en las interacciones humanas con su entorno, parece que una nueva perspectiva integradora de la historia es la que no relega "el medio ambiente" a un subcampo de la historia, que, al menos en el contexto histórico alemán, es tratada como una curiosa adición pero no del todo a la historia "real" (es decir, política, social y cultural). Lo que me lleva de vuelta a las vertientes uno y dos de esta narrativa, el objetivo de normalizar la historia ambiental e incluir el medio ambiente en el concepto de *Historia Entrelazada*. Si bien no pretendo que la inclusión de los factores ambientales en el enlace sea *la* solución al desafío del Antropoceno a la disciplina histórica, me gustaría ofrecer algunas consideraciones sobre este vínculo, como *una forma de* adquirir una nueva perspectiva.

Uno podría preguntarse por qué, de todas las cosas, un concepto hasta ahora relativamente poco teórico como enlaces/historia entrelazada debería considerarse parte de la solución a cuestiones disciplinarias a gran escala que, francamente, han existido durante siglos. Hay dos respuestas a esta comprensible duda: Por un lado, las soluciones sencillas son a menudo las más elegantes y accesibles, y por otro, el concepto de la Historia Entrelazada ha surgido de un compromiso de los críticos postcoloniales con un discurso sobre historias comparadas, transnacionales y globales. Ya incluye, o al menos está abierta a una perspectiva intersectorial que es crucial cuando se consideran los problemas ambientales del Antropoceno, pero que es igualmente crucial cuando se consideran los procesos históricos en el contexto colonial donde el registro histórico está generalmente sesgado hacia la perspectiva del hombre blanco europeo. Esto es particularmente cierto para el enfoque interamericano y caribeño específico de este estudio; una región con ecosistemas insulares ecológicamente sensibles, eventos climáticos y otros eventos extremos; así como historias de dominación y extrema violencia por parte de los coloniales europeos hacia los hombres y mujeres indígenas en particular y hacia los hombres africanos esclavizados y, de nuevo, hacia las mujeres especialmente.

En investigaciones históricas (y de otros tipos), el término "entrelazado" se utiliza a menudo de manera vaga y metafórica para describir procesos de interacción o conexión. Sin embargo, el "entrelazado" ha adquirido un significado más específico dentro de un debate académico durante la primera década del siglo 21 (Epple y Lindner 2011; Kaltmeier, Lindner, y Mailaparambil 2011). La propuesta de la antropóloga y socióloga Shalini Randeria de hablar de "historias entrelazadas y modernidades desiguales" en contextos postcoloniales, más que de "historia" y "modernidad" colectivas-singulares con el modelo europeo u occidental, surgió del debate sobre la historia transnacional, global y comparativa antes mencionado.

En los Estados Unidos esta discusión comenzó con el llamado de Ian Tyrell a mirar más allá del excepcionalismo estadounidense en 1991, y en Alemania una década más tarde con las publicaciones de Matthias Middell y Jürgen Kocka en 2000 y 2001 (Tyrrell 1991); (Kocka 2001); (Middell 2000). La historia comparativa y su objeto más frecuente, la transferencia cultural, fueron criticados por ser eurocéntricos, esencialistas, tratando a las naciones como contenedores cerrados, y a la transferencia como un proceso unidireccional que, en el contexto (postcolonial), normalmente pasaba de "metropole" a "periferia." Lo mismo había sido criticado anteriormente por el historiador moderno del sur de Asia, Sanjay Subrahmanyam, quien sugirió que "no sólo comparamos desde dentro de nuestras cajas, sino que dedicamos tiempo y esfuerzo para trascenderlas, no sólo por comparación, sino buscando a veces los frágiles hilos que conectaban el globo[...]" y, por lo tanto, lo que él llamó "historias conectadas" (Subrahmanyam 1997). En el marco del debate europeo, y en particular de las relaciones franco-alemanas, los historiadores Bénédicte Zimmermann y Michael Werner desarrollaron el enfoque de la *histoire croisée* (historia cruzada) para superar estos problemas (Werner y Zimmermann 2002, 2006). Las "entangled histories of uneven modernities" (historia entrelazada de modernidades desiguales) de Randeria llevaron la historia entrelazada un paso más allá, lejos de su enfoque todavía centrado en Europa.

Sin embargo, el hilo conductor de todos estos subcampos de la historia y los estudios literarios que participaron en el discurso sobre la historia, la comparación y modernidad(es) global y transnacional fue que su enfoque temático se centraba en los factores políticos, sociales, culturales y, en un número bastante menor de casos, económicos, mientras que el "medio ambiente" o la "naturaleza" seguía siendo un tema separado, relegado a la historia medioambiental. En Estados Unidos, el campo de la historia ambiental en realidad precedió al debate sobre la historia transnacional en casi una década con el llamado de Donald Worster a "the internationalizing of environmental history" (internacionalizar la historia ambiental) en 1982 (Worster 1982). La siguiente publicación de historia ambiental que marcó un hito en el discurso de las perspectivas transnacionales fue "Nationalization of Nature" (Nacionalización de la Naturaleza) de Richard White en la publicación de Historia Americana de 1999 (White 1999). Y aunque los historiadores ambientales de los países del Sur Global han adoptado con facilidad enfoques teóricos y conceptuales de los estudios postcoloniales, su trabajo y la importancia de los factores ambientales para la creación de imperios coloniales y relaciones desiguales postcoloniales no han encontrado su camino de regreso a ese campo casi en la misma medida.

Como consecuencia de estas líneas separadas de desarrollo disciplinario, la Historia Entrelazada, o *Verflechtungsgeschichte*, se ha centrado en gran medida en el estado-nación y las relaciones transnacionales, en los enlaces entre culturas, en la distribución desigual del poder social y político y; en los casos en que se basa en teorías de desarrollo y dependencia, en los aspectos económicos que influyen en dicho poder (Kay 1989; Wallerstein 1974). Es decir, el "entrelazado" se centraba en las estructuras de distribución del poder entre las personas, pero no en la forma en que el acceso a los recursos naturales, la tierra y la energía y su uso eran a menudo la base de dicho poder y su distribución desigual. Para el campo de la historia, esto es bastante sorprendente ya que el lugar obvio de los factores ambientales en la historia transnacional y colonial fue descrito en los trabajos de los conocidos historiadores ambientales Alfred Crosby (A. Crosby

1986; A. W. Crosby 1972), Richard Grove (Grove 1996) y John McNeill (McNeill 2010). En otras palabras, parece que pensar en el medio ambiente ("naturaleza") como un componente integral de la historia colonial; pero sobre todo no bajo la perspectiva de los enlaces, permanece confinado en gran medida al subcampo de la historia ambiental; mientras que los defensores de la Historia Entrelazada y los críticos postcoloniales en el campo de la literatura continúan en gran medida ignorando la "naturaleza" en sus estudios de las relaciones desiguales de poder.[3]

El Caribe como centro geográfico de este estudio y del enfoque tan delineado de las historias de enlaces/entrelazados puede crear todo tipo de reacciones de "nada nuevo aquí." En particular, con respecto al "Intercambio Colombino" de Crosby mencionado anteriormente y con respecto al tema de la evolución del sistema de plantaciones, dos de los temas mejor investigados en cuanto a historias ambientales del Caribe (Crosby 1972; Funes Monzote 2008; McCook 2002, 2011). Sin embargo, el enfoque que detallo a continuación y a lo largo de los tres casos prácticos no se centran ni en la circulación de plantas, animales, patógenos y seres humanos ni exclusivamente en el entorno específico de la plantación. Más bien, mi argumento es de una naturaleza más sistémica. El enlace que incluye estos factores puede ejemplificarse excepcionalmente bien en la región geográfica del Caribe. El archipiélago es algo así como un "nudo" en la Historia Entrelazada para permanecer en la metáfora.

Durante el período de investigación en el que me centro en este ensayo, fue un verdadero microcosmos colonial, reivindicado sucesivamente; y a veces simultáneamente, por potencias comerciales europeas cada vez más y menos importantes: España, Inglaterra, Francia, los Países Bajos, más tarde también Dinamarca, Suecia y los Estados Unidos. La trata transatlántica de esclavos como componente central de la organización agraria del trabajo y del funcionamiento

---

3   Esta "falsa división entre la historia del medio ambiente y la crítica del imperio" ha sido recientemente señalada de manera muy similar por los eruditos literarios Nathan Hensley y Philip Steer, (Hensley & Steer 2019, 5-6).

del sistema de plantaciones capitalistas se extendió a través del Atlántico para incluir a África. Aunque el enlace socio-ambiental del trabajo agrario forzado hace que la división entre naturaleza y cultura sea menos tangible en la historia de la esclavitud, la gran mayoría de las investigaciones sobre africanos esclavizados en las Américas se centran en los aspectos sociales, jurídicos, materiales o de género del comercio y de las personas que fueron objeto de comercio (Bennett 2019; Block 2018; Borucki, Eltis, and Wheat 2015; Curran 2011; Eltis 1997; Eltis, Lewis, and McIntyre 2010; Klein and Vinson, 2007; Newman 2018; Schiebinger 2017; Seth 2014, 2018). Un subcampo más pequeño de esta investigación se ocupa de las condiciones ambientales y de la subsistencia de los africanos esclavizados en diferentes islas del Caribe (Mandelblatt 2008, 2013, 2016; Sheridan 1976; Watts 1984).

Como se menciona anteriormente, el "entrelazado" se usa a menudo metafóricamente, sin aclarar qué es lo que crea estas estructuras desiguales de poder, o, redactado de otra manera, sin establecer cuáles son los *factores del entrelazado* en realidad. Estos factores o aspectos clave del entrelazado, son relativamente sencillos y no son una gran noticia para los historiadores del Mundo Atlántico. En los siguientes párrafos, sin embargo, resumiré brevemente estos factores clave, ya que son la base de mi argumento sobre el lugar del medio ambiente o la "naturaleza" en la Historia Entrelazada.

El poder político colonial es la primera clave de la Historia del Entrelazado en las Américas sin la cual no se puede entender ni la transformación de la esfera social ni la transformación del medio ambiente. A partir de finales del siglo XVI, el Caribe se convirtió en el centro de la trata transatlántica de esclavos hasta que Brasil asumió este rol en el siglo XIX. La magnitud de este comercio y el papel del Caribe en particular, han sido visualizados por los mapas publicados en el Atlas sobre la trata transatlántica de esclavos de David Eltis y David Richardson (Eltis y Halbert 2013).

En cuanto a la Historia Entrelazada, la *migración colonial* es un factor clave, si no *el principal,* para comprender la transformación del entorno social y natural de las Américas. Además de la migración forzada, la migración colonial también incluye la migración desde Europa y la migración interamericana. Estos movimientos de personas han dado forma a la composición y al cambio dinámico de las sociedades del hemisferio occidental. Este proceso de tranformación social ha sido integrado bajo el término "criollización". Tanto los términos *mestizo* como *criollo* ya aparecen en los registros de la segunda mitad del siglo XVI. Como recientemente señaló la historiadora latinoamericana Rebecca Earle en su libro *El cuerpo del conquistador*, "fue la importancia atribuida al medio ambiente (entendido en su sentido más amplio para incluir el clima de la región, sus aguas y alimentos y las estrellas que lo gobernaron) lo que explica la evolución en la era colonial de la idea del 'criollo'; alguien de ascendencia europea nacido en las Indias" (Earle 2012, 86). En otras palabras, en la percepción de los contemporáneos, la transformación social no fue meramente una función de una nueva mezcla de grupos migratorios coloniales, sino que dependía en gran medida de la interacción de los seres humanos con el medio ambiente. Para entender cómo el cambio social y el cambio ambiental se entrelazaron en las Américas y el Caribe en particular, es importante centrarse específicamente en las prácticas culturales. Esta conexión y los consiguientes entrelazados se destacarán y representarán a lo largo de los siguientes casos prácticos. Otros dos factores clave de los entrelazados coloniales que deben mencionarse son el comercio y el conocimiento.

El *comercio* en el que se involucró el (Circun-) Caribe abarcaba humanos, plantas y otros "bienes." Espacialmente, este comercio se organizó a una escala suprarregional, si no mundial, lo que lo convertía en uno de los motores de la primera globalización y, por ende, de la modernidad occidental (Bayly 2004). Uno de los requisitos para el comercio fue la producción agrícola, que emerge como el nodo más importante para el entrelazado de sus cuatro factores: poder colonial, migración, comercio y conocimiento. La razón de la importancia de la agricultura es que no es sólo el nodo de interacción entre los seres humanos o las culturas humanas, sino también entre los seres humanos, las plantas, los animales y los climas locales, es decir, el medio ambiente en su sentido más amplio.

El cuarto factor de entrelazado, por último, es el *conocimiento*, específicamente el tipo que estaba involucrado en la parte consciente e intencional de lo que Alfred Crosby llamó el Intercambio Colombino. Dado que el "conocimiento" *per se* es demasiado vasto para ser una categoría analítica significativa en este contexto, el enfoque se centra en particular en los aspectos de generación, adquisición y circulación de nuevos conocimientos en la transformación de entornos desconocidos en el Caribe y las Américas en general. Los temas clave a este respecto son los discursos sobre los cultivos, las técnicas de cultivo, los fenómenos climáticos extremos y el efecto de los climas americanos desconocidos en los organismos europeos. Estos aspectos son casi omnipresentes en el discurso colonial. La historia del conocimiento relacionado con estos aspectos debe ser considerada en el contexto de los entrelazados locales entre diferentes grupos de inmigrantes, así como en los entrelazados transatlánticos entre el gobierno y las instituciones científicas en el Caribe y Europa (McClellan 2010); (Bleichmar, De Vos, Huffine, y Sheehan 2009); (Delbourgo y Dew 2008) (Rohland 2016, 2017). Puede ser evidente por lo anterior, que el conocimiento está estrechamente vinculado a los otros factores de entrelazado: el poder, la migración y el comercio. Por lo tanto, el conocimiento no sólo se renueva por estos factores, sino que, por el contrario, estos tres factores también influyen en el conocimiento y la innovación.

Ahora que hemos establecido los obvios factores del entrelazado, ¿dónde está el medio ambiente en todo esto? En primer lugar, la inclusión de factores ambientales y climáticos en los entrelazados (postcoloniales) coloniales no significa promover un nuevo tipo de materialismo, y menos aún de determinismo. Las explicaciones históricas monocausales, sin importar desde qué ángulo, nunca han sido robustas o duraderas. Más bien, y tomando en serio la superación de la división entre naturaleza y ser humano, los aspectos ambientales y climáticos ya están entrelazados con los otros cuatro factores y con la agricultura como práctica central y nodo donde los cuatro factores de entrelazamiento se unen. Sin embargo, el hecho de que el medio ambiente y el clima no puedan simplemente añadirse como un quinto factor los hace intrínsecamente turbio desde un punto de vista teórico. Al mismo tiempo, ésta es la razón de incluir el medio ambiente y el clima en la Historia Entrelazada. Es necesario encontrarlo y seguirlo en cada uno de los cuatro factores mencionados anteriormente y, al hacerlo, se obtendrán reconstrucciones más realistas del pasado que si simplemente lo añadiésemos como un "bloque". La aplicación de este bastante complejo análisis también puede ayudar a prevenir el determinismo. En lugar de desglosar a un nivel abstracto cómo los aspectos ambientales y climáticos están entrelazados con los cuatro factores de entrelazamiento mencionados anteriormente, estos entrelazamientos múltiples se ejemplificarán en los siguientes tres casos prácticos, que además pueden mostrar cómo la inclusión del medio ambiente en el estudio de los entrelazamientos podría ser una forma de normalizar la historia ambiental. Sin embargo, antes de sumergirse en estos casos prácticos, es necesario explicar un último aspecto crucial para la comprensión del enfoque de este estudio.

Justo cuando todo el mundo pensaba que la comparación había dado su último suspiro, precisamente por el debate entre historiadores y críticos postcoloniales explicado anteriormente, y por la Historia Entrelazada como solución al problema del eurocentrismo y del "otro" - la Universidad de Bielefeld presentó un proyecto interdisciplinario e interfacultativo a gran escala (SFB 1288 Practices of Comparing: Ordering and Changing the World) sobre Prácticas de Comparación. En lugar de retomar el viejo enfoque de usar la comparación como método, como algunos habían pensado erróneamente, este proyecto explora el "haciendo la comparación". Es decir, considera la comparación como una práctica históricamente arraigada. Al hacerlo; su objetivo es, en última instancia, descubrir la fuerza dinámica de las prácticas de comparación para los procesos de transformación histórica a gran escala. Por lo tanto, se centra en los contextos en los que se produce la comparación y en su papel en los procesos de cambio histórico (Albert y col. 2019; Epple 2015; Epple y Erhart 2015). Dado que las opciones aquí podrían ser potencialmente infinitas, el objetivo del enfoque es también identificar coyunturas de comparación, fases de la historia en las que las prácticas de comparación se volvieron particularmente pertinentes. A estas fases pertenecen las situaciones coloniales de (primer) contacto cultural, conquista o colonización (Rohland, Epple, Flüchter, y Kramer (en preparación)).

Esto nos lleva de vuelta a la Historia Entrelazada. Los investigadores de este campo pueden ahora fruncir el ceño ante este intento de unir entrelazado y comparación, ya que ésta última ha sido considerada superada por los enfoques de entrelazamiento e historia conectada. Aunque, percibidas como una práctica histórica específica del contexto, en lugar de utilizarlas como una herramienta metodológica para generar una visión histórica, las prácticas de comparación pueden emplearse productivamente en la investigación de la historia entrelazada en las Américas, (véase también Epple 2020). De hecho, sostengo y espero demostrar con mis ejemplos, que tiene un sentido especifico en el contexto de la historia de las Américas para traer la perspectiva del medioambiente en el entrelazado y las practicas de comparación. Incluso llevar mi argumento un paso más allá que las prácticas de comparación pueden convertirse en conductor de las historias entrelazadas (explicitamente en plural esta vez).

Como se ha podido comprobar, este ensayo se ha inspirado en varios proyectos de investigación y diferentes libros en desarrollo. Representa una primera síntesis de la investigación y el pensamiento de los últimos cuatro años, y es de carácter un tanto programático. Es decir, gran parte de él todavía es trabajo en curso hasta ahora basado principalmente en la literatura secundaria y fuentes primarias impresas.

Este ensayo contiene dos estudios de caso, cada uno de los cuales detalla aspectos específicos del entrelazado socio-ambiental y el papel de las prácticas de comparación en el desarrollo de la colonización del Caribe español, francés y británico. El capítulo 2, *Llegando,* muestra qué proyecciones de "naturaleza", de la población indígena y de los recursos alimentarios con los que los españoles llegaron a la isla de La Española (llamada Bohío, Quisqueya o Ayiti en lengua indígena arahuaca), y cómo estas ideas afectaron al entrelazado socio-ambiental europeo inicial en la isla. El capítulo sigue los conocidos informes sobre el "descubrimiento" de La Española por Cristóbal Colón y los siguientes viajes a la isla de los cronistas españoles Gonzalo Fernández de Oviedo, Bartolomé de las Casas y Pietro Martire d'Anghiera. En particular, nos centramos en el segundo viaje de Colón y su llegada a La Española a una hambruna que, según los informes españoles, fue causada intencionadamente por la población indígena y que duró de 1494 a 96 años. El capítulo ofrece un análisis alternativo a la percepción tradicional de la causa de esta hambruna, que consiste en aceptar los informes europeos en su totalidad. Destaca la dificultad de comprender y comparar entornos; climas sociales y naturales totalmente desconocidos a principios del siglo XV.

El tercer capítulo, *Extrayendo*, es una exploración de la construcción cultural del "clima" y su papel en las prácticas laborales extractivistas del sistema de plantaciones. Con la aparición de los primeros africanos esclavizados en las islas del Caribe, comenzó a desarrollarse el discurso que hoy incluimos bajo el concepto de "tropicalidad" - acuñado por David Arnold en 1996 (Arnold 1996), basado en el "orientalismo" de Edward Said (Said 1978). Las consecuencias de los encuentros culturales de poblaciones culturalmente heterogéneas ya fueron objeto de intensos debates por parte de los contemporáneos de los siglos XVIII y XIX. Basándose en un repertorio de conocimientos basado en la medicina galénica e hipocrática, las discusiones científicas de principios del siglo XVIII mezclaron teorías sobre la influencia del clima en el carácter humano, los regímenes políticos y la cultura de regiones enteras o "civilizaciones" (Gerbi y Moyle 2010). En resumen, impregnadas de prácticas de comparación, todas estas teorías tenían en común que los climas tropicales tenían un efecto sobre la "economía moral" de la población local. Es decir, que a lo largo de varias generaciones se produciría una *aclimatación* inadvertida del carácter humano a su entorno. El capítulo cuatro muestra cómo las sociedades esclavistas de América y el Caribe difícilmente pudieron resistir la atracción del *topos* de la aclimatación moral y física, ya que la supuesta "preadaptación" de los africanos a los climas tropicales se convirtió en el argumento más difundido a favor de la esclavitud.

2

Llegando: ¿Entornos desconocidos e incomparables en La Española?

Los primeros indicios de entrelazado que forman la primera situación de contacto entre Cristóbal Colón, los españoles que lo acompañaron, y los arahuacos[4] en la isla de La Española se encuentran en el Mediterráneo medieval tardío europeo. Este es un territorio histórico muy trillado, por lo que sólo nos quedaremos aquí muy brevemente para encontrar el entorno en los factores de entrelazado expuestos en la introducción. La expansión española a través del Atlántico fue impulsada por la búsqueda de una ruta occidental hacia la "India" y sus especias; y por el oro y la plata, que se habían vuelto cada vez más escasos en Europa a lo largo del siglo XIV y principios del XV. El aparente agotamiento de las minas europeas de oro y plata, que en algunos casos se habían explotado desde la época de los romanos, provocó una depreciación de las monedas acuñadas, cuyo valor disminuyó con la desaparición del contenido del respectivo metal precioso. La consiguiente inflación perturbó la política de poder de los monarcas españoles y portugueses a finales del siglo XV (Parker 1983; Reinhard 2016, 294-5). En otras palabras, existía un vínculo directo entre los recursos naturales, la estabilidad de los primeros flujos financieros modernos y la capacidad de los monarcas para ejercer el poder y expandir sus imperios con costosas guerras.

Impulsado por estos factores económicos y ambientales combinados, así como por las perspectivas de ganancia y distinción personal, Colón emprendió su aventura de encontrar una ruta marítima occidental hacia la "India" en agosto de 1492. Colón y su flota de tres

---

4   Las Antillas Mayores (Cuba, Haití, Puerto Rico y Jamaica) fueron habitadas originalmente por el pueblo Arahuaco que fue llamado Taíno por los antropólogos del siglo XX, un término que fue "tomado casualmente del nombre de una sola clase social". Así pues, sigo el ejemplo de Carl O. Sauer al llamarlos Arahuacos a lo largo de este ensayo (Sauer 1966, 37).

barcos habían visto por primera vez la tierra y sucedió sobre los *Lucayos*, o lo que hoy llamamos las Bahamas, el 11 de octubre de 1492. El 6 de diciembre, había llegado a la isla que sus habitantes, los arahuacos, llamaban Ayiti (Haití) o Bohío y que Colón llamó Española. Señaló que

> Aquella isla grande pareçía altíssima tierra, no cerrada con montes, sino rasa como hermosas campiñas, y parece toda labrada o grande parte d'ella y pareçían las sementeras como trigo en el mes de Mayo en la campiña de Córdova. (Colón, Varela 1982, 74)

> […] y sobre el mayor monte podrían arar bueyes, y hecha toda a campiñas y valles; en toda Castilla no ay tierra que se pueda comparar a ella en hermosura y bondad. Toda esta isla y la de la Tortuga son todas labradas como la campiña de Córdova. (Colón, Varela 1982, 83)

> […] y era entonces por allí el tiempo, cuanto a los aires y templança, como por Março en Castilla y, en cuanto a los árboles y yerbas, como por Mayo. (Colón, Varela 1982, 88)

> Esta gente no tiene varas ni azagayas ni otras ningunas armas, ni los otros de toda esta isla, y tengo que es grandíssima. (Colón, Varela 1982, 90)

Estos pasajes del cuaderno de registros de Colón son dignos de mención por varios aspectos. Para transmitir a sus lectores lo que estaba viendo, el explorador empleó la comparación como una estrategia retórica. Describió cultivos nunca antes vistos, el clima y los seres humanos en términos de un entorno que les resultaría familiar: Castilla y Córdoba. Nacido en Génova y con experiencia en Portugal, España y parte de la costa oeste de África, esos lugares fueron su horizonte de experiencia y comparación. Además, creyendo que había llegado a Oriente, proyectó sus expectativas sobre los productos y personas que encontraría allí sobre los desafortunados arahuacos de La Española y los demás pueblos del archipiélago caribeño.

El cuaderno de registros de Colón, al igual que los anteriores relatos portugueses y españoles de la circunnavegación de la costa africana, se inscribe en la mayor tradición de la escritura antigua de viajes y en el género del *periplus*. Esta última se define como la transmisión de descripciones fácticas de tramos de geografía costera desconocidos para informar a otros marineros y viajeros de los peligros y maravillas de las nuevas tierras encontradas y de cómo llegar a ellas (Dueck y Brodersen 2012, 52-3; Matei-Chesnoiu 2015, 26; Schulz 2016, 181-2). El hecho de que Colón haya embellecido o no su relato de La Española para ganar fama y conseguir más fondos de los reyes Fernando e Isabel, es casi secundario a mi enfoque. Lo que es mucho más interesante con respecto a las prácticas de comparación y de la Historia Entrelazada es la relevancia de estas comparaciones para la acción concreta y su potencial dramático para afectar el curso de la historia.

En el *Columbian Exchange (Intercambio Columbino)*, el historiador ambiental norteamericano Alfred Crosby (Crosby 1972) descubrió la dinámica inaudita y en curso del entrelazado ecológico desencadenado por el desembarco de Colón en el Caribe, y por su presunción de similitud (el mecanismo básico de las prácticas de comparación) con los ambientes y climas mediterráneos. Basándose en esta similitud percibida, Colón importó animales y plantas de Europa con consecuencias imprevistas pero de gran alcance para la flora, la fauna y los seres humanos en las Américas y en todo el mundo. Viajando como polizones con las consecuencias de esta comparación fueron las enfermedades europeas que Colón y sus hombres trajeron involuntariamente a las Américas. Los sistemas inmunológicos de los pueblos indígenas nunca antes habían experimentado patógenos como el sarampión, la viruela y la gripe, y por lo tanto significaron un desastre demográfico para los arahuacos, así como para los pueblos indígenas de ambos subcontinentes, que los españoles "descubrieron" en las décadas siguientes del siglo XVI (Livi Bacci 2008; Moya Pons y Flores Paz 2013).

La comparación de Colón y la asunción explícita de similitud entre Castilla y La Española reunían ecológicamente al continente euroasiático y al americano, que habían evolucionado biológicamente por separado debido a la deriva continental y a la sumersión del puente terrestre de Bering, que había conectado por última vez las dos masas terrestres unos 13.000 años antes del presente (Crosby 1972). Con respecto al entrelazado socioambiental y las relaciones desiguales de poder colonial, los efectos inadvertidos de los patógenos europeos en las Américas son ejemplares. Fueron parte de la razón por la que los europeos podían dominar las Américas, como lo hacían y por la que los europeos podían reemplazar partes de las poblaciones indígenas por africanos esclavizados, más europeos y asiáticos. Ningún otro continente al que llegaron los europeos con el objetivo de colonizar, excepto quizás por Australia, experimentó una rotación tan forzada y el desarraigo de su población. Aunque ninguno de los ejemplos anteriores son nuevos, los menciono aquí como los casos más destacados de prácticas comparativas en el contexto de la Historia Entrelazada y más aún en el contexto de aspectos ambientales en historia entrelazada.

La hambruna de 1494-96 en La Española - ¿Una conspiración indígena?

Desde la puesta en marcha del Intercambio Columbino en 1492 a modo de comparación, avanzamos rápidamente hacia el segundo viaje de Colón a La Española en 1494. Aparte de él, los viajes de Colón fueron registrados por varios cronistas españoles de los siglos XV y XVI, cuyos relatos varían en cuanto a la proximidad temporal a los hechos reales, así como en cuanto a la condición de testigos oculares de los autores. La *Historia General y Natural de las Indias* (Fernández de Oviedo y Valdés 1535) de Gonzalo Fernández de Oviedo, por ejemplo, es una publicación relativamente "tardía" con respecto a los hechos descritos, aunque utilizó fuentes de primera mano además de sus propias observaciones. Oviedo no se detuvo en la isla hasta 1514, momento en el que los arahuacos ya habían experimentado la violencia y los patógenos españoles durante 22 años. El cronista se instaló en Santo Domingo en la década de 1530, que fue cuando las estructuras sociales originales de la población indígena ya habían sido perturbadas y los colonos españoles comenzaron a abandonar la isla para ir a *Tierra Firme,* que era más prometedora.

Estas circunstancias influyeron en su narrativa y en su percepción negativa de los arahuacos (Anderson-Córdova 2017, 416). Se sabe que Bartolomé de las Casas tiene una percepción mucho más positiva de los pueblos indígenas de La Española, que describe en su *Historia de las Indias* (Casas, Fuensanta del Valle y Sancho Rayón 1875 (1575)). Las Casas llegó a La Española en 1502, mucho antes que Oviedo, lo que le dió la ventaja de ver los cacicazgos arahuacos en una época en la que todavía funcionaban como tejido sociocultural y económico. También tuvo acceso a una gran cantidad de documentos de los que los estudiosos posteriores se vieron privados. Por último, *Decades of the new world (Las décadas del nuevo mundo)* de Pietro Martire d'Anghiera (Anghiera 1555) la primera edición en latín apareció en 1516) también proporcionó un relato del "descubrimiento" de Colón y de los viajes subsiguientes. A diferencia de Oviedo y Las Casas, d'Anghiera, sin embargo, nunca había puesto un pie en las Américas y compiló sus *Décadas* a partir de cartas, relatos y entrevistas personales de exploradores y funcionarios coloniales que lo habían hecho. Muchos de sus relatos parecen exagerados y a veces "llenos de retórica" (Anderson-Córdova 2017, 417-19; Sauer 1966, 38-9).

Los tres relatos mencionan una hambruna que ocurrió en La Española entre 1494 y 1496. Los tres cronistas europeos coinciden en que la hambruna fue causada por una maliciosa estrategia de los pueblos indígenas que pretendía matar de hambre a los españoles para expulsarlos de la isla. La literatura de investigación sobre el asentamiento temprano de La Española (Altman 2007; Cook 1993, 2002; K. Deagan y Cruxent 2002; K. A. Deagan 2010; Livi Bacci 2008; Mira Caballos 1997; Sauer 1966; Wilson 1990) trata este evento en el contexto de la temprana demografía de la isla y no cuestiona la narrativa europea de la estratagema indígena para expulsar a los españoles.

Esto, casi podría llamarse una teoría de conspiración, me llamó la atención recordándome los relatos de mis investigaciones sobre el asentamiento francés de Louisiana en 1699 (Margry 1881; Rohland 2019), la investigación del arqueólogo Dennis Blanton sobre los comienzos de la colonia de Jamestown en 1607 (Blanton 2000) y la investigación de un colega sobre las expediciones portuguesas a Zimbabwe en la década de 1570 (Hannaford 2018; Hannaford y Nash 2016). En todas estas primeras instancias de contacto, los colonos europeos mencionan problemas para obtener alimentos en entornos desconocidos y las negociaciones con la población local con la que se encontraron. Los portugueses y los ingleses emplearon un argumento muy similar al que los primeros cronistas españoles relatan sobre los arahuacos de La Española. Los colonos europeos, en un primer momento, se basaron en sus propias provisiones de Europa cuando se embarcaron en las exploraciones en partes lejanas de la tierra. Esto estaba en línea con su patológica visión del mundo, que sostenía que sólo sus cultivos y alimentos nativos mantendrían su salud, espíritu y carácter de manera óptima (Chaplin 2001; Earle 2010, 2012). Una vez agotadas sus provisiones, la siguiente opción más arriesgada e "insana" era recurrir a los alimentos autóctonos, ya sea mediante el intercambio amistoso o la apropiación violenta. Si los impostores europeos no podían obtener provisiones indígenas por ninguno de los dos medios, sospechaban que la población nativa les ocultaba maliciosamente los alimentos.

Conocemos patrones similares de culpar a ciertos grupos sociales o étnicos debido a la investigación de la hambruna en la Europa Moderna Temprana. Sin embargo, en estos casos, la densidad de los registros históricos y las referencias concretas de los contemporáneos a los fenómenos meteorológicos facilitan la conexión de las hambrunas con las anomalías climáticas. En otras palabras, para la Europa moderna temprana, el entrelazado de los factores sociales y climáticos se puede rastrear con bastante claridad en la retrospectiva histórica. En cuanto a las sospechas de que grupos sociales específicos manipularon los cultivos alimenticios, en el contexto europeo se sospechaba a menudo, y a veces con razón, que los panaderos y comerciantes estaban aumentando los precios del pan mediante el acaparamiento de maíz. La valla se llamaba "Fürkauf" en alemán. Conectada con esto estaba la imagen del "Kornjude", el "grano-judío", que surgió durante el siglo XVII en tierras de habla alemana, según Wolfgang Behringer (Behringer 2015, 64; Gailus 2001).

Wolfgang Behringer y Christian Pfister han señalado la relación entre las anomalías climáticas de la Pequeña Edad de Hielo y el aumento de las quemas de brujas por "magia climática" (Behringer 2005; Pfister 2007). En otras palabras, aunque las primeras sociedades modernas europeas comprendían muy claramente las conexiones entre el "mal tiempo", las malas cosechas y las hambrunas, el tiempo, por un lado, seguía estando en manos de Dios, y las malas cosechas eran una señal de su ira (Mauelshagen 2011); y, por otro lado, esta situación llevó a las comunidades a buscar una salida local para la ansiedad ante la evolución de las situaciones de emergencia. Estos desfogues se encontraron en la figura estereotípica del panadero, el comerciante de grano judío o la bruja.

Ahora bien, ¿qué sucede si esta visión cristiana europea del mundo premoderno se traslada a un entorno desconocido con un clima desconocido en el que no se comprende la estacionalidad de la siembra y el crecimiento de los cultivos ni lo que puede considerarse, en términos del siglo XXI, como circunstancias climáticamente "normales"?[5] El arqueólogo estadounidense Dennis Blanton hizo esta pregunta en el contexto de los primeros intentos ingleses de establecer la costa este de Estados Unidos en la colonia de Jamestown a partir de 1607 (Blanton 2000). Estoy utilizando su estudio como un caso de mejores prácticas para este capítulo, a pesar de que sea cronológicamente más de cien años por delante del caso español. Los límites de esta configuración se harán evidentes un poco más adelante. Blanton pudo demostrar que la primera situación de contacto de los ingleses

---

5   La arqueóloga Marcy Rockman ha señalado el hecho de que a los seres humanos les lleva aproximadamente una generación (unos 35 años) establecer un conocimiento sólido de los ciclos ambientales y climáticos en una zona determinada a la que se trasladan (Rockman 2003, 15).

con los indígenas de la Bahía de Chesapeake ocurrió durante una época de sequía extrema y duradera, al combinar la evidencia arqueológica, histórica y climatológica de los anillos de los árboles. Descubrió la sospecha inglesa de que los Powhatan estaban ocultando maliciosamente su comida a los recién llegados, como una mala interpretación por parte de los europeos y su incapacidad para evaluar el clima y el entorno desconocido. Es importante destacar que la adición del clima como factor explicativo de la escasez de alimentos en 1609 y 1610 no significa que debamos descartar *a priori* los relatos de los grupos indígenas que esconden el maíz de los ingleses. Más bien, amplía nuestra comprensión para que lo hagan, más allá del cliché de "malicia" asignado por los contemporáneos ingleses u otros factores sociales que los investigadores han atribuido desde entonces como una razón.

Pero, ¿por qué ha sido tan difícil o poco intuitivo incluir el medio ambiente y el clima como factores que contribuyeron a las dificultades iniciales de los esfuerzos coloniales europeos en las Américas?[6] Blanton afirma que en el caso Jamestown

> las interpretaciones de los relatos en primera persona varían en la atribución de las dificultades, pero ninguna de ellas implica que la sequía sea un factor significativo en los primeros años[...]. La mención explícita más cercana viene de la [...] petición nativa de que [John] Smith ore por la lluvia. *De hecho, éste tipo de ambigüedad todavía lleva a la desestimación del medio ambiente como un factor significativo en los primeros acontecimientos coloniales.* (Blanton 2000, 79, énfasis añadido)

Blanton atribuye esta ausencia de referencias al medio ambiente o al clima a la inexperiencia de los ingleses recién llegados con los ciclos naturales de su nuevo entorno (ibíd.). Me aventuraría un paso más allá y diría que, como resultado de esta falta de causalidad ambiental,

---

6   Es importante señalar que Karen Ordahl Kupperman fue una de las primeras historiadoras en señalar las ansiedades climáticas y ambientales de los ingleses en Jamestown, aunque sin incluir evidencia paleoclimatológica, ver (Kupperman 1979, 1982, 1984, 2007).

el enfoque de los contemporáneos de Jamestown se movió completamente hacia el ámbito social.

Mirando la historia del Capitán John Smith, el fundador de la colonia de Jamestown en la Bahía de Chesapeake; sobre la situación del primer contacto inglés en la costa este de Norteamérica, la idea del mejor caso práctico podría estar mordiéndose la cola proverbial, aunque de una manera interesante con respecto a las prácticas de comparación. Por la mitad del primer volumen, donde habla de las dificultades y conflictos ingleses con los grupos indígenas de la Bahía de Chesapeake, Smith inserta una consideración sobre los dolorosos comienzos de los estados en ascenso. Compara a Virginia con Roma, que "creció por la opresión y se levantó sobre la espalda de sus enemigos" y, como era de esperar, con los españoles que "han tenido muchos de esos contraesfuerzos, más que nosotros" (Smith, Arber y Bradley 1910, 580). Smith da cuenta de la conquista española de La Española, incluyendo el pasaje donde los "indios[...] generalmente conspiraron juntos para no plantar más, con la intención de matar de hambre [a los españoles]; mientras tanto, ellos mismos vivían de yuca, una raíz para hacer pan, que entonces sólo conocían ellos mismos" (Smith, Arber y Bradley 1910, 580). En primer lugar, la comparación con la antigua Roma pertenece claramente a un repertorio intelectual europeo bien establecido de prácticas de comparación a la hora de describir o imaginar un imperio. Además, la comparación con España, el gran imperio europeo que los ingleses intentaban emular, refuerza los *topos* del "indio traidor" que los españoles habían creado. En otras palabras, en el caso Jamestown, culpar a la población indígena por sus dificultades puede haber sido tanto un efecto de la falta de familiaridad del inglés con el entorno de Chesapeake como comparar su propia situación con la de los españoles en La Española un siglo antes.

Entornos incomparables y la creación de un mito urbano

Así que, volvamos a Colón y a la historia del origen real del "indio traidor". Paralelamente al estudio de Blanton, sostengo que la escasez de referencias ambientales en las primeras crónicas españolas refleja el desconocimiento de los europeos de su nuevo entorno y no la ausencia o irrelevancia de tales factores. Mi hipótesis es que la hambruna de 1494-96 en La Española puede haber sido similar a la situación de Jamestown descrita por Blanton; que un evento climático extremo como una fase prolongada de sequía puede haber agotado los recursos alimenticios arahuacos de tal manera que no pudieron alimentar a los 1500 hombres adicionales que Colón trajo consigo en su segundo viaje (Fernández de Oviedo y Váldez 1851 (1535), II, VIII, 35). Teniendo en cuenta las barreras culturales y lingüísticas, tal desviación de la norma climática habría sido difícil para los arahuacos comunicarse con los recién llegados europeos. Al carecer de experiencia con el clima tropical a largo plazo y el medio ambiente de La Española, los españoles se dirigieron a la esfera social en busca de una explicación. Siguiendo patrones establecidos de explicación para la hambruna y la inanición (como culpar al "grano-judío" mencionado anteriormente), interpretaron la falta de disponibilidad de alimentos indígenas como una estrategia astuta por parte de este grupo de "paganos" recién descubiertos para expulsarlos de la isla. En la argumentación de los cronistas españoles, enmarcar la ausencia de alimentos como venganza tenía especial sentido en vista de la violencia de los colonos contra la población indígena en sus primeros encuentros.

Las Casas escribe sobre la percibida falta de voluntad de los indígenas para proveer a los españoles de alimentos que "[...] determinaron muchos pueblos dellos [de los arahuacos] de ayudarlos [los españoles] con un ardid ó aviso, ó para que muriesen ó se fuesen todos, como sabian que muchos se habian muerto y muchos ido [...]. El aviso fué aqueste (aunque les salió al revés de lo que pensaron), conviene á saber, no sembrar ni hacer labranzas de su conuco,[7] para que no se cogiese fruto alguno en la tierra [...]." (Casas y col. 1875 (1575),

---

7   Los conucos son parcelas elevadas o montículos que fueron plantados con cultivos alimentarios (Sauer 1966, 51).

II, CVI, 105). D'Anghiera en su *De Orbe Novo Decades (Décadas del Nuevo Mundo)*, por otro lado, escribe:

> [...] pero le informaron [a Cristóbal Colón] que había tal hambre entre los insulares que habían muerto ya más de cincuenta mil hombres, y que caían todos los días a cada paso, como reses de un rebaño apestado. Lo cual se supo que les aconteció por su malicia. Pues viendo que los nuestros querían escoger asiento en la isla, pensando ellos que podían echarlos de allí si faltaban los alimentos insulares, determinaron, no solamente abstenerse de sembrar y plantar, sino que cada uno comenzó en su provincia a destruir y arrancar las dos clases de pan que tenían sembrado [...]. (Anghiera, Torres Asensio y Kislak 1944, 45)

D'Anghiera comienza con la hambruna indígena y sólo en un segundo paso la asigna a la "estrategia" arahuaca de desarraigar los cultivos ya plantados para que los españoles pasen hambre. Un poco más adelante, en su relato, describe la introducción española del pago de tributos a los arahuacos, pero que la hambruna les impidió realizar tales pagos y que "pidiendo humildes al almirante que se apiadara de su miseria y condonara hasta que la isla volviera a su estado primitivo, que entonces lo que entonces ahora faltara se reintegraría en un doble" (Anghiera, Torres Asensio y Kislak 1944, 48). En la primera parte del relato, el albedrío humano como causa de la hambruna parece estar claro, aunque se menciona como algo secundario. Los siguientes párrafos donde los arahuacos piden un retraso en el pago de tributos no repiten esa conexión con "su propia necedad". Por lo tanto, ¿es posible suponer que el tropo de la destrucción de sus propias cosechas puede ser una conjetura europea de una escasez de alimentos que de otro modo sería inexplicable?

La *Historia General* de Fernández de Oviedo, en particular, ofrece pistas que pueden apoyar esta hipótesis. Similar a la observación de Blanton en los registros históricos en el caso de Jamestown, ni Fernández de Oviedo ni los otros cronistas hacen comentarios directos sobre las condiciones climáticas locales que conectan con la hambruna. Una vez más, es importante subrayar que a pesar de la búsqueda de culpables en el ámbito social, parte de la causalidad natural de los eventos climáticos extremos era bastante conocida en la Europa medieval y en la Europa moderna temprana. Las fechas de la cosecha de la uva, los altos niveles de agua en los ríos, las tormentas y el frío o el calor extremos se anotaron regularmente en las crónicas (de la iglesia). En otras palabras, la práctica de observar las condiciones climáticas locales estaba muy establecida (Jankovic 2000; Mauelshagen 2018). La escasez de referencias al tiempo y al medio ambiente es, por lo tanto, llamativa y más bien apoya la afirmación de que no significa ausencia de fenómenos, sino falta de familiaridad con los fenómenos.

Pero de vuelta a Oviedo. Se hace eco de las Casas y d'Anghiera al decir que los arahuacos habían inventado una "táctica maliciosa" (una mala maniobra) después de haberse dado cuenta de que los españoles planeaban establecerse definitivamente en la isla.

> E para [...] darles ocasión que se fuessen desta tierra, pensaron un mal ardid, con que murieron mas de las dos partes ó la mitad de los españoles, é de los propios indios murieron tantos que no se pudieran contar. *Y esto fizose de forma que no se pudo entender ni remediar, porque como eran tan nuevos en la tierra los christianos no caían en el trabajo en que estaban, ni le entendieron*; y fue aqueste. Acordaron todos los indios de aquella provinçia de no sembrar en el tiempo que lo debian haçer, é como no tuvieron mahiz, comiéronse la yuca, que son dos maneras de pan, y el principal mantenimiento que acá hay. Los christianos comiéronse sus bastimentos; e aquellos acabados, queriéndose ayudar de los de la tierra que los indios acostumbran, no los tenían para si ni para ellos. Y desta manera se caían los hombres muertos de hambre en aquella cibdad los christianos [...]. (Fernández de Oviedo y Váldez 1851 (1535), II, XIII, 49, énfasis añadido)

Oviedo continuó diciendo que el Fuerte de Santo Tomás había corrido la misma suerte, que la mitad de la población española había muerto de hambre y que los arahuacos se habían visto aún más afectados por la hambruna. "e desta manera los indios efectuaban su mal desseo, que era ó que los christianos se fuessen huyendo por falta del bastimento [...]" (Fernández de Oviedo y Váldez 1851 (1535), II,

XIII, 49). Aunque estas cifras históricas de mortalidad deben ser tra-
tadas con cautela, el relato de Oviedo coincide bastante bien con el
número de muertos que Dennis Blanton reconstruye en su estudio de
Jamestown, habla de una tasa de mortalidad de alrededor de los 60
porcientos (Blanton 2000, 78).

Por supuesto, podría ser totalmente correcto tomar a las Casas,
d'Anghiera y Oviedo por su palabra e interpretar los acontecimientos
de 1494-96 como una estrategia de guerra de los arahuacos, en la que
estaban dispuestos a aceptar la muerte masiva de su propio pueblo.
La investigación que actualmente se ocupa de la hambruna supone
una mezcla de esta estrategia de guerra combinada con las enfermedades europeas y el exceso de trabajo como causa de las altas tasas
de mortalidad. Por ejemplo, George Raudzens en un artículo de 1996
que compara las invasiones europeas de La Española y Virginia
afirma que "la resistencia pasiva los llevó a [los arahuacos] a destruir
su propia comida para que los españoles también se murieran de hambre" (Raudzens 1996, 339). A la luz de los resultados del estudio de
Blanton y de lo que sabemos sobre las primeras percepciones premo-
dernas de las hambrunas y los eventos extremos, no me convence esta
aceptación a priori de los relatos primarios. La idea de que una sociedad se suicidaría en masa destruyendo sus propias fuentes de alimentos, incluso en las espantosas circunstancias de violencia y patógenos
españoles, me parece extremadamente inverosímil. Pues, si creyéra-
mos en el relato de la conspiración, ¿no deberíamos confiar en que,
en un escenario así, un pueblo que estaba íntimamente familiarizado
con su entorno y topografía como los arahuacos habría sido tan inte-
ligente como crear un refugio secreto de alimentos para llevar a buen
término la estrategia de guerra y asegurar la supervivencia de su propia comunidad?

Para aclarar, no abogo por los factores climáticos como causa
única de la hambruna de 1494, en particular a la luz de las pruebas
convincentes de que las enfermedades europeas y la coacción violenta son factores que perturbaron la actividad agrícola y, por lo tanto,
pudo crear ya un estancamiento en el suministro de alimentos. Pero
me gustaría introducir los factores climáticos en el debate como un

factor, posiblemente tan decisivo como los otros que deberían ser considerados. Incluso si tenemos que llegar a los factores climáticos a través de varios desvíos, ya que los registros históricos no hablan explícitamente de lo que llamaríamos fenómenos climáticos. Con su afirmación de que la tierra es tan "nueva" para los colonos, Oviedo ofrece una explicación contemporánea de la dificultad de los españoles para leer bien su desconocido entorno. La falta de maíz y el cambio a la yuca (un cultivo de raíces también conocido como mandioca) podrían estar muy bien relacionados con factores climáticos como la sequía extrema. Además, el hecho de que Oviedo afirme que la población indígena no tenía cultivos para sí misma ni para los españoles podría ser un indicio de que esto *no* era precisamente una estrategia, sino que posiblemente un fenómeno ambiental de mayor escala estaba contribuyendo a la situación. Este último supuesto se ve corroborado por el relato de Oviedo sobre Santo Tomás, a unos 100 km al sureste de la Isabela, que sufrió la misma suerte.

Desde mi punto de vista actual hay dos escenarios que pueden explicar la hambruna de 1494-96. Escenario A: Los factores climáticos no jugaron un papel, la hambruna fue causada por la muerte masiva de los arahuacos debido a las enfermedades europeas y la consiguiente situación de que no había suficiente gente disponible para plantar maíz y yuca. Un punto que sigue siendo un tanto inverosímil en este escenario es por qué los españoles no deberían haber logrado alimentarse en condiciones climáticas normales en un entorno que los contemporáneos describieron como abundante en flora y fauna (especialmente en peces) (Navarrete 1825, 209).

Escenario B: Los factores climáticos jugaron un papel importante. Aunque no tenemos descripciones verbales de las condiciones que podrían haber afectado la producción de alimentos humanos (al menos no en el tipo de terminología que podríamos esperar desde el punto de vista actual), sabemos por las primeras crónicas que en 1494 así como en 1495 Hispaniola fue golpeada por un huracán.

> Cuentan ellos que aquel año [1494], en el mes de junio, hubo inaudito torbellino de Levante, que levantaba hasta el cielo rápidos remolinos,

que conmovía las raíces de los más grandes árboles y los volcaba. Este vendaval llegado al puerto de la ciudad, a tres naves que estaban solas y ancladas, sin tormenta ni oleaje alguno del mar, rompiendo las maromas les dio tres o cuatro vueltas y las sumergió en lo profundo, y dicen que aquel año entró el mar tierra adentro más de lo acostumbrado, y que se levantó más de un codo. (Anghiera, Torres Asensio y Kislak 1944, 49)

escribió d'Anghiera sobre el huracán de 1494.[8] La información adicional que da sobre la profundidad de la inundación causada por el huracán es interesante para evaluar su fuerza. Dado que las temporadas de huracanes de 2017 y 2019 han demostrado ser excepcionalmente destructivas para las islas del Caribe, no tengo que argumentar el hecho de que lo que hoy percibimos como tormentas devastadoras (incluso menos el aumento de la fuerza a causa del cambio climático), habría sido devastador para las sociedades históricamente menos desarrolladas que dependían enteramente de los cultivos agrícolas para su subsistencia en ese entonces. En particular, una cosecha de maíz habría sido fácilmente arrasada por un huracán.

Climatológicamente, las temporadas activas de huracanes y el aumento de las temperaturas de la superficie del mar en el Caribe están asociados con las condiciones de La Niña, la fase fría (enfriamiento de las temperaturas de la superficie del mar en el Pacífico frente a la costa del Perú) del fenómeno climático conocido como El Niño Oscilación del Sur (ENOS). Si esto se combina con la posición sur de un segundo sistema climático importante conocido como la Zona de Convergencia Intertropical (ITCZ, por sus siglas en inglés), es más probable que los huracanes tomen cursos más hacia el sur y golpeen el archipiélago caribeño, en lugar de entrar en el Golfo de México o afectar la costa este de los EE.UU. (Burn y col. 2016; R. Grove y Adamson 2018; Malaizé y col. 2011). Las pistas de una reconstrucción histórica de tales datos de ENOS (Emile-Geay, Cobb,

---

8	Ambos huracanes son aceptados por Millás (Millás y Pardue 1968, 7). Sobre el tratamiento de huracanes en registros históricos ver (Rohland 2019).

Mann y Wittenberg 2013) apuntan a una fase multianual de La Niña entre 1492 y 1495.

Oviedo, aunque no escribió sobre los fenómenos meteorológicos en una relación causal con el hambre, continuó su relato de 1494 diciendo que las "fatigas é dolencias" de los españoles continuaban y que, para colmo, "sobrevinieron muchos vientos del norte (que en Castilla se llama çierço), y en esta isla es enfermo." Como resultado, "no sólo murieron los cristianos, sino también los indios naturales". (Fernández de Oviedo y Váldez 1851 (1535, II, XIII, 51). Las referencias a "fatiga", "enfermedad" y vientos del norte son muy poco concluyentes y difíciles de colocar en una relación causal. Sin embargo, son significativos, ya que los efectos parecen afectar tanto a los españoles como a los arahuacos y ya no se hace referencia al plan de la población indígena de expulsar a los españoles. Es más, en la correspondencia colonial del *Cabildo de* Santo Domingo del siglo XVI reaparece una redacción similar, lo que indica un estrés ambiental en la isla (AGI, *Gobierno*, Leg. 73, véanse, por ejemplo, los años 1550, 1555, 1557, 1560, 1573, 1576).

Así que, aparte de la evidencia, hasta ahora, no concluyente para una "hipótesis de factores climáticos" de los archivos humanos que mis ejemplos comparten con los de Blanton, ¿podrían los "archivos naturales," es decir, los registros paleoclimáticos aproximados,[9] proporcionar más información sobre las condiciones ambientales en el momento de la hambruna de 1494-96? Antes de buscar posibles respuestas a esta pregunta, primero una breve orientación sobre la "época" climatológica en la que se sitúa nuestro ejemplo de hambruna

---

9   Las condiciones climáticas (temperatura y promedios de precipitación) del pasado pueden reconstruirse utilizando documentos históricos escritos (lo que los historiadores del clima y los climatólogos históricos llaman "archivos humanos") y/o datos reconstruidos a partir de fuentes naturales tales como núcleos de hielo, espeleotemas, corales, sedimentos lacustres, etc. (los llamados proxi-registros que pertenecen a los "archivos naturales"). Ambos tipos de registros requieren un escrutinio cuidadoso y crítico y un complejo proceso de reconstrucción para llegar a datos numéricos viables. Para más información sobre esta operación ver (Mauelshagen 2010; White, Pfister, y Mauelshagen 2018).

en La Española. Durante la última década, se ha vuelto común que los historiadores del clima y los primeros historiadores modernos hablen de la Pequeña Edad de Hielo (PEH desde ahora), una era de disminución de la temperatura del aire en el hemisferio norte en aproximadamente 0,6 a 0,8 grados centígrados que algunos climatólogos dicen haberse iniciado en 1400 y que duraría hasta 1800 (Burn y Palmer 2014).[10] Sin embargo, es engañoso pensar en el PEH como un periodo de condiciones uniformemente más frías, ya que los efectos locales variaron mucho. Se ha sugerido que la reducción de la irradiación solar y el aumento de la actividad volcánica mundial son las causas del PEH. Mientras que los efectos de enfriamiento socioambiental del comienzo del PEH están bastante documentados para el norte de Europa (Alberola Roma 2014; Camenisch 2015; Campbell 2016; Pfister y Brázdil 1999, 2006; Pribyl 2017), la evidencia de los efectos igualmente significativos del PEH sobre los trópicos ha comenzado a recogerse más recientemente (Lane, Horn, Orvis, y Thomason 2011). Debido a la relativa escasez de pruebas documentales de los primeros años de la PEH en los trópicos americanos (como se ha puesto de manifiesto en el ejemplo anterior), los datos de esta región hasta ahora proceden en su inmensa mayoría de los archivos naturales.

Tres documentos recientes sobre las condiciones climáticas en el Caribe durante la PEH (Burn y Palmer 2014, 2015; Lane y col. 2011) convergen de manera interesante en sus hallazgos. Los tres afirman que durante la PEH, las condiciones en el (Circum) Caribe se tornaron significativamente más secas en comparación con períodos anteriores de observación. Lane y col. afirman que estas condiciones de sequía fueron identificadas para regiones geográficamente distintas como la Península de Yucatán, Panamá, el norte de Sudamérica, Puerto Rico y a lo largo de la vertiente sur de la Cordillera Central de la República Dominicana, donde tomaron su muestra sedimentaria

---

10 Otras fechas son de 1257-1850, o 1300-1850, o 1550-1850 y no hay un acuerdo real entre los climatólogos. En la actualidad, el concepto se ha vuelto tan difícil que algunos estudiosos lo abolirían por completo (Mauelshagen 2010).

(Lane y col. 2011, 467). Esto subraya el hecho de que estas condiciones climáticas cambiantes de la PEH no sólo afectaron a zonas aisladas, sino que se extendieron a escala sinóptica. La evidencia de Lane y col. del norte de Sudamérica indica que la PEH podría haber sido el período más seco de los últimos 10'000 años en el Circum Caribe (Lane y col. 2011, 462).

Estas indicaciones de estudios recientes de paleoclima con muestras de sedimentos de los lagos de La Española y de la cercana Jamaica son muy significativas con respecto a nuestra cuestión de la influencia de los factores climáticos y apoyan mi hipótesis hasta cierto punto. Sin embargo, la resolución temporal de los núcleos de sedimentos lacustres, es decir, la posibilidad de asignar capas de suelo que indican sequía a años específicos, es bastante aproximada en comparación con un sustituto como los anillos de los árboles, que tienen una resolución anual en las latitudes templadas. Sin embargo, los anillos de árboles no están tan fácilmente disponibles en las regiones tropicales, ya que aquí sólo unas pocas variedades de árboles producen anillos visibles debido a la falta de una fuerte variabilidad estacional. En otras palabras, aún no se han realizado análisis más detallados de las condiciones climáticas en el momento de la llegada de Colón a la isla. O en las conclusiones de Lane y col: "los impactos potenciales de la aridez de la PEH en la sociedad humana merecen mayor atención" (Lane y col. 2011, 469).

Así que, a la luz de la evidencia de los archivos naturales, cerraré mi argumento del escenario B y los factores climáticos con la suposición tentativa de que la hambruna de 1494-96 en La Española fue causada por los factores combinados de una sequía prolongada, daños repetidos a los cultivos de alimentos a causa de los huracanes, así como por las tasas de mortalidad autóctona causadas por las epidemias europeas y por la violencia europea mencionada en el escenario A.

Después de este paseo un tanto serpenteante a través de la situación del primer contacto español en La Española y la evidencia climática de los estudios de paleoclima, ¿dónde nos deja esto con respecto a las prácticas de comparación y entrelazado? ¿Cómo ha influido la comparación en estos primeros años de presencia española en un entorno y un clima desconocidos? Históricamente, las prácticas de comparación son más fáciles de descubrir en fuentes escritas donde se comparan dos unidades (o *comparata*) con respecto a una tercera, la *tertium comparationis,* como la comparación de Colón del paisaje y la naturaleza de la Española con la de Castilla mencionada anteriormente. Es más difícil explicar las prácticas de comparación que tenemos que inferir o reconstruir históricamente porque no formaban parte de un discurso o no eran explícitas por escrito. Yo sugeriría que la hambruna de 1494-96 en La Española es un caso de práctica comparativa no discursiva y, al mismo tiempo, una situación de incomparabilidad. Llego a lo segundo, la incomparabilidad, no tanto por la valoración de los propios contemporáneos, sino por inferencia a través del análisis histórico. Me explico. Al principio del capítulo hemos seguido a Cristóbal Colón a través del Atlántico y a lo largo de su comparación de Haití / Española tropical con Castilla y Córdoba. La gravedad de esta comparación ambiental, su impulso para la acción concreta, y en particular sus consecuencias materiales de largo alcance, han sido captadas por el concepto de Crosby del *Intercambio Colombino.* Las comparaciones de Colón pueden calificarse de "discursivas", ya que aparecen en un género particular – un cuaderno de bitácora – que estaba destinado a ser leído por un público (sobre todo por los reyes de Castilla). Además, el relato de Colón sigue la tradición de los primeros exploradores modernos de la antigua Grecia *periploi,* que se referenciaban por su conocimiento geográfico (mundial) (Matei-Chesnoiu 2015; Schulz 2016).

Por analogía con el estudio de Blanton sobre Jamestown, que tiene la ventaja de la evidencia paleoclimática para subrayar su afirmación, he establecido la hipótesis de que los españoles en La Española habían estado aún más claramente en una situación de desconocimiento del entorno (natural y social) del Nuevo Mundo que los ingleses cien años después. Podrían al menos remitirse a la experiencia española y a sus relatos del primer contacto. Para los españoles en 1492, el desconocimiento del nuevo entorno significaba literalmente la incomparabilidad de los fenómenos a nivel experimental y, por lo tanto, la necesidad de recurrir a los modelos "autóctonos" de conocimiento social y medioambiental de España y de la (antigua) Europa. Este desconocimiento ambiental y, por tanto, la ausencia de un marco de referencia local, es mencionado brevemente por Fernández de Oviedo en su relato de la hambruna. Esta es la razón implícita, dada por los mismos contemporáneos, de la incomparabilidad de los fenómenos. Esta incomparabilidad del ámbito ambiental y la consecuente búsqueda de causalidad en el ámbito social llevó a la proyección de la teoría de la conspiración de los indios traidores, escondedores de alimentos, a la que se refieren los ingleses en la bahía de Chesapeake un siglo más tarde. Tanto del informe de Colón como de los relatos de los cronistas españoles posteriores se desprende que las prácticas de comparación tanto discursivas como no discursivas pueden ser constitutivas de la Historia Entrelazada, en particular en lo que se refiere a los factores medioambientales. El primer entrelazado interamericano y transatlántico queda subrayado por el hecho de que los informes de conquista españoles fueron utilizados para la comparación por los ingleses y que, con la llegada de los ingleses a la Bahía de Chesapeake, la teoría de la conspiración se extendió a esta nueva región y fue presentada a una nueva audiencia.

Los factores ambientales de entrelazado han aparecido en diferentes formas a lo largo de este capítulo y han formado relaciones desiguales de poder en La Española y más tarde también en lo que los contemporáneos llamaron tierra firme (el continente) desde el principio.

Al principio de este capítulo, he mencionado la escasez de plata en Europa como un factor que impulsa a los españoles a buscar este recurso en otros lugares y llegar a las costas de Haití en primer lugar; he tocado brevemente el muy trillado tema de los patógenos europeos como un factor en el desigual campo de juego entre los españoles y los arahuacos en el Caribe (y más tarde otros pueblos indígenas del continente). Con los ejemplos de Jamestown y La Española hemos visto la importancia de los factores climáticos, y el conocimiento de tales factores, para el inglés y el español en el intento de conseguir un punto de apoyo en este mundo recién descubierto y en forjar sus relaciones con la población indígena. Un aspecto más familiar del entrelazado ambiental es el de la coacción española sobre el trabajo arahuaco para extraer oro de las minas de la Española, es decir, el entrelazado de los conflictos económicos, los recursos naturales, el poder colonial y la energía, el poder del trabajo físico forzado indígena.

A nivel interpretativo, este capítulo ha mostrado la fuerza de la comparación en una situación de primer contacto colonial en un entorno desconocido y, en ese momento, incomparable. La reconstrucción de una práctica comparativa no discursiva en este contexto ha mostrado cómo las prácticas de comparación pueden ser constitutivas de los procesos de entrelazado. A nivel epistémico, la inclusión de los factores ambientales en el concepto de la Historia Entrelazada también subraya la necesidad de enfoques fuertemente interdisciplinarios. El arqueólogo Dennis Blanton, ha utilizado datos paleoclimáticos, fuentes históricas y fuentes arqueológicas para llegar a sus conclusiones. Para mi análisis de la hambruna en La Española me baso en investigaciones de las mismas disciplinas que cruzan la brecha entre las ciencias naturales y las humanidades. En otras palabras, integrar sistemáticamente el medio ambiente en la Historia Entrelazada también significa realizar investigaciones históricas con una nueva apertura y voluntad de colaborar con otras disciplinas.

El siguiente capítulo empieza en el siglo XVIII y la noción, para entonces ya fija, de que los africanos estaban "naturalmente" aptos para ser esclavos y realizar trabajos esclavizantes en el trópico debido a sus orígenes. El capítulo analiza esta idea siguiendo su genealogía a través de la historia y empleando la doble perspectiva del entorno en el que se encuentra y las prácticas de comparación. Esto nos transporta nuevamente al primer contacto de Colón con los Arahuacos, desplegando una nueva capa de complejidad en la noción de "entornos y pueblos desconocidos" y mostrando al mismo tiempo cómo los factores medioambientales se entremezclan con las imágenes de los cuerpos indígenas y africanos en la formación del concepto de "raza".

3

Extrayendo: Comparación de los cuerpos de europeos y africanos en climas tropicales

> Algunos han argumentado, con considerable ingenio, que el cambio de color es meramente una consecuencia del calor del clima, la exposición al sol y la falta de atención a la limpieza. [...] La esclavitud es peculiarmente afable, e incluso parece ser natural para los habitantes de climas cálidos. [...] En las regiones tropicales, las necesidades de la vida son tan fácilmente obtenidas, frecuentemente brotando espontáneamente, y la protección de las inclemencias del cielo es tan poco requerida, y tan fácilmente alcanzada, que las energías de la mente humana que nunca se excitan, son sufridas para permanecer en el sueño eterno. De esta situación, la pereza es una consecuencia natural, casi necesaria; y la indolencia siendo el padre de la debilidad, la sumisión a la injusticia y la violencia, sin murmullo, reflexión o resentimiento, generalmente se produce. (Renny 1807, 160-1)

Incluso siendo abolicionista y publicando estas palabras justo en la época de la abolición del comercio de esclavos africanos en todo el Imperio Británico, el historiador jamaicano Joseph Renny estaba repitiendo algunos de los *topoi* europeos más frecuentes sobre los africanos, la presunta naturaleza (causada por el medio ambiente) de su color de piel, su "idoneidad natural" para el trabajo forzoso debido a sus orígenes tropicales, y las cualidades moralmente degradantes de los trópicos sobre el carácter humano en general. A finales del siglo XVIII y principios del XIX, estos tropos, en particular en el Caribe francés y británico, habían ganado inflexiones específicas, se habían solidificado en algunos aspectos y habían perdido algo de poder explicativo en otros, como veremos a lo largo de este capítulo.

Después de seguir los factores ambientales de la llegada de Colón a La Española, llegamos ahora a la pregunta de cómo los factores ambientales jugaron un papel en la explotación capitalista europea de los suelos de las islas caribeñas y del trabajo humano (forzado). Es decir, este capítulo explorará, no tanto el lugar de la plantación y de la esclavitud africana en la(s) historia(s) entrelazada(s) del Caribe y del Atlántico, muchos otros lo han hecho de manera más elocuente y erudita (Blackburn 2010; Eltis 2000; Hanger 1993; Klein y Vinson 2007; Schwartz 2004). Más bien, quiero rastrear la *justificación* de este sistema extractivista a través de la visión del entrelazado medioambiental y las prácticas de comparación. En el (Circum) Caribe británico, francés y español, la esclavitud de los pueblos africanos y su violenta explotación en las plantaciones de azúcar del Caribe se justificaba con alguna variante del argumento que vimos a Renny exponer anteriormente, de que estaban mejor adaptados al clima cálido de las islas, ya que ellos también procedían de regiones tropicales.

Mientras que los capítulos anteriores se centraron más concretamente en los relatos coloniales de las experiencias (socio-) ambientales vividas como las hambrunas, huracanes y sus causas percibidas, este capítulo se adentrará un poco más en el territorio de la construcción social del medio ambiente y el "clima", en particular. Sin embargo, mantendremos un pie en el mundo material, ya que el clima socialmente construido de los trópicos está estrechamente relacionado con la experiencia histórica (europea) y la descripción de estos fenómenos. De hecho, es exactamente esta interfaz entre el clima "material" y construido y la codificación moral, que europeos como Renny asignaron a los trópicos, lo que hizo que este argumento fuera poderoso a lo largo de la historia colonial española, francesa y británica. Tan poderoso, de hecho, que tal determinismo climático permaneció vivo y en uso hasta bien entrado el siglo XX y el período poscolonial. Por lo tanto, yo diría que este tema de "pre-adaptación de los cuerpos africanos a los climas tropicales" es uno de los conductores más importantes (y viciosos) en la historia entrelazada del Caribe y un fuerte ejemplo de la importancia de considerar los factores ambientales en la historia del entrelazado. Para rastrear el razonamiento europeo detrás de esta *retórica*, tendremos que seguir sus partes constituyentes tan lejos como podamos a través de la historia para contextualizarlas y verlas cambiar de significado a través del tiempo. Por lo tanto, utilizaré más bien a Renny como un trampolín que nos catapultará de vuelta a la Europa del siglo XVI y al Caribe español para ver cómo la esclavitud en general, y la esclavitud en las Américas en particular, se justificaba en esta etapa temprana. Luego avanzaré de nuevo en la línea del tiempo de este tropo, hasta finales del siglo XVIII. Sin embargo, es necesario aclarar varias cuestiones a lo largo del camino, como por ejemplo, cómo se puede concebir que el medio ambiente o el clima tengan un efecto sobre el cuerpo y/o el carácter y sobre el color de la piel en particular. ¿Cómo es que los argumentos que conectan el medio ambiente y el color de la piel llevan al argumento de la esclavitud de ciertos pueblos? ¿Cómo se entendía el "clima tropical" y la adaptación? cuando el término histórico real utilizado en el siglo XVIII era la aclimatación. A continuación, una exploración superficial de esta historia conceptual y, como puede ser evidente, también nos llevará al surgimiento y evolución de la idea de "raza."

De manera similar al capítulo 2, *Llegando*, el presente capítulo con su enfoque en la esclavitud africana en el Caribe cubre mucho terreno histórico familiar. Mi análisis del caso no es el primero en señalar que el "clima" fue utilizado como argumento para la esclavitud en las Américas (Cañizares Esguerra 2009a; Newman 2018; Schiebinger 2017; Seth 2014, 2018). En este capítulo, basado principalmente en la excelente literatura secundaria que trata sobre las influencias ambientales en los cuerpos de los blancos, los indios y los negros en la temprana Nueva España colonial, los británicos y los franceses del (Circum-) Caribe, profundizaré en las capas conceptuales mencionadas anteriormente mientras que, nuevamente, mostraré cómo las prácticas de comparación son fundamentales o incluso generadoras de historia(s) entrelazada(s).

Los cuerpos humanos y el medio ambiente en el pensamiento europeo moderno temprano

Empecemos con la idea del cuerpo en aquel entonces, y la pregunta de cómo el medio ambiente podría influir en el color de la piel y podría influir en el cuerpo de tal manera que podría considerarse "preadaptado" a un clima específico, y a una forma de trabajo. Y, de hecho, comencemos esta investigación en Europa para ver cómo se discutieron estos temas entre la élite culta a finales del siglo XV y durante el viaje de Colón al Nuevo Mundo.

La comprensión moderna temprana del cuerpo humano y el mantenimiento de su salud giraba en torno al concepto de la "complexión" (Groebner 2004). Constituyó el centro de la patología humoral que se había desarrollado a partir de los escritos recogidos en el *Corpus Hippocraticum* en el siglo IV a.C. y que se había integrado en el conocimiento médico galénico durante el siglo II d.C. Estas antiguas tradiciones habían sido reapropiadas y reelaboradas en Europa, incluyendo textos árabes (Avicena y Averroes), durante los siglos XI y XII (Rütten 2012, 61; Siraisi 1990). En su comprensión a finales de la Edad Media y principios de la Edad Moderna, la complexión no se refería meramente a la cara o la piel de una persona, sino que incluía toda su apariencia, comportamiento, condición moral y aptitud. Cada persona tenía su complexión individual, que se regía por un equilibrio específico de los cuatro humores, los componentes básicos de la salud humana: sangre, flema, bilis negra y bilis amarilla. Cada una de ellas se asociaba a cualidades como el calor o el frío, la sequedad o la humedad y, a través de estas cualidades, se vinculaba de forma natural a los cuatro elementos, que constituían la base de toda sustancia. Además, cada humor, junto con su calidad y elemento, estaba relacionado con una estación (Earle 2012, 26).

Además, el cielo (estrellas y planetas) podría tener una influencia significativa en la complexión, ya que las cualidades elementales de la complexión se reflejaban en los diferentes planetas. Es decir, se pensaba que Marte era caliente y seco, y que Venus era frío y húmedo. Se pensaba que las constelaciones astrológicas con sus cualidades estaban relacionadas causalmente con la complexión de una persona y sus órganos (Groebner 2004, 365-8). La complexión se fijó simultáneamente en el sentido de que cada persona tenía *su* complexión única y maleable, ya que podía cambiar con "la edad, las emociones, con el impacto de la enfermedad y la medicación e incluso con los cambios del clima" (Groebner 2004, 369). La historiadora de la América Latina colonial, Rebecca Earle, destaca el papel central que desempeñó la comida como mediadora de una complexión saludable, en particular en el discurso español moderno sobre la naturaleza y las condiciones de vida de los españoles en el Nuevo Mundo (Earle 2012, 28). Este breve esquema ya insinúa cuán profundamente se pensaba que los humanos y su físico estaban entrelazados con el medio ambiente, que incluía a los planetas.

Uniendo las cualidades hasta ahora más bien internas de la comprensión galénica de la complexión con el aspecto externo del color de la piel, el historiador medieval Valentin Groebner cita descripciones corporales de esclavas de orígenes geográficos mixtos que fueron compradas y vendidas en Florencia a finales del siglo XIV. Estos registros de esclavos y registros notariales florentinos medievales proporcionaban varios tonos de color de piel, incluyendo el color oliva, marrón, rojo, amarillo, blanco, negro e incluso "verdoso" junto con otros rasgos corporales como lunares, cicatrices o tatuajes. A menudo, dicha asignación de color no era concluyente ya que no estaba claro si se refería a la piel, a sus marcas o al cabello (Groebner 2004, 374-5). Según Groebner, "muy pocos de los habitantes de la Europa del Renacimiento parecen haberse considerado a sí mismos como blancos en cualquier forma [...]. Por el contrario, las teorías europeas sobre el clima y la complexión heredadas de los clásicos reservaban una serie de términos poco halagadores para las personas de pelo y piel clara del norte" (Groebner 2004, 377). Aristóteles, Plinio y Vitruvio estuvieron de acuerdo en la influencia del medio ambiente en el cuerpo humano. Según ellos, las regiones frías del norte hacían a sus habitantes resistentes, pero como no había suficiente calor que pudiera hacer que la humedad se evaporara, esta humedad se asentaba en las mentes de los norteños y los hacía lentos y torpes (Groebner 2004, 378).

Este antiguo "ambientalismo hipocrático" y "humoralismo galénico" (Cagle 2018, 142), fue también el núcleo de cómo los primeros europeos modernos se consideraban a sí mismos como "naciones" (es decir, españoles, franceses o ingleses) y qué pueblos les pertenecían y cuáles no (Feros 2017, 109-52). Constituyó la base del pensamiento de influyentes escritores renacentistas como el jurista y filósofo político francés Jean Bodin en su *Methodus ad facilem historiarum cogitionem (Método para la fácil comprensión de la historia)* (Bodin 1566). En su capítulo sobre la "Correcta evaluación de las historias", sugiere que en el norte vivían personas frías y flemáticas y que los colores de la piel variaban según la región geográfica. Los leuco-etíopes, por ejemplo, vivían en diferentes regiones y "bajo los trópicos son inusualmente negros; bajo el polo, por la razón opuesta, son de color bronceado[...]" (Bodin y Reynolds 1945, 89). En el curso de este relato de los diferentes pueblos y latitudes, Bodin enumera otros tonos de piel inducidos por el medio ambiente que van desde el blanco hasta el amarillo, verde y negro y se anotan sin juicio de valor aparente (Bodin y Reynolds 1945, 89). Groebner concluye que la idea de la complexión en la Europa moderna temprana, al igual que su predecesora medieval, era una categoría relacional que no se sostenía por sí misma sino que venía en "yuxtaposiciones claramente preorganizadas". Sin embargo, esta última se endureció en el curso de la expansión colonial y la consiguiente necesidad de crear nuevas fronteras políticas (Groebner 2004, 383).

Así, según el relato de Groebner y el resumen de Earle sobre el conocimiento de la patología humoral en el aprendizaje español moderno temprano, para los europeos del siglo XVI, el cuerpo y la constitución humana (incluyendo el color de la piel) se regían en la macroescala por la región geográfica en la que vivían y las respectivas constelaciones astrológicas de esta última. A microescala, los hábitos individuales, el clima e incluso la comida podrían alterar la complexión.

Es importante señalar brevemente en este punto que hasta finales del siglo XIX, "clima" en el contexto de lo que se ha dicho hasta ahora no significaba "tiempo promedio en un cierto espacio de tiempo" que implicara medidas de precipitación y temperatura tal como las entendemos hoy en día. La noción de "teoría del clima", que a menudo es proyectada en los agentes históricos del siglo XVI o XVII (o incluso antes) por los historiadores de hoy en día, es un concepto erróneo. Nuestra comprensión moderna del "clima" sólo empieza a surgir a principios del siglo XIX como resultado de un largo proceso de evolución científica. "Clima" (del griego *klima*) era una demarcación geográfica que significaba "inclinación", refiriéndose a la inclinación de los rayos del sol, que varía con la latitud. En los mapamundi y globos ptolemaicos, el *klimata* demarcaba las diferencias de media hora de sol en el día más largo del año. Era una medida geográfica para localizar lugares en un mapa y no un término relacionado con la meteorología. "Hablar del 'clima' de un lugar equivalía a dar sus coordenadas latitudinales en el globo terráqueo en lugar de explicar el calor o el frío, la lluvia o la humedad" (Mauelshagen 2018, 566). Las "zonas" meteorológicas, como la "tórrida", la "templada" y la "frígida", eran un concepto diferente mencionado en la *Meteorología* de Aristóteles, que existía junto e independiente de los *klimatas*. Desde el siglo XIX, el antiguo concepto geográfico de *klimata* se ha confundido o igualado anacrónicamente con las zonas meteorológicas de Aristóteles. Sin embargo, en la Europa del Renacimiento existía la práctica de conectar los siete climas del "mundo habitado" con los siete planetas (conocidos). De esta manera, los siete *klimatas* de Ptolomeo se relacionaron con los humores y, por lo tanto, con el cuerpo humano y su complexión. Mientras que los climas de media hora matemáticamente exactos siguieron siendo una característica común en los mapas hasta el siglo XVIII, la noción de los siete climas habitados perdió tracción con la expansión europea y la experiencia de los pueblos indígenas en lugares previamente desconocidos alrededor del globo (Mauelshagen 2018, 570).

Así que, volviendo a la conexión del color de la piel y los entornos, si se hacía la conexión entre los climas y las propiedades del calor, frío o humedad, esto significaba, como en la cita anterior de Mauelshangen, que tal calor, frío o humedad estaban presentes en esta latitud o región geográfica. Y como muestra la evaluación de Bodin de los leucocitarios, que tenían diferentes colores de piel según la latitud en la que se encontraban, se pensaba que los tonos de la piel humana también eran mutables y no una propiedad biológica fija e innata. Lo que nos lleva al concepto de "raza". A finales del siglo XVII, el término no estaba todavía fijado de ninguna manera en tales apariencias físicas. Consultando un diccionario trilingüe (español, francés, italiano) publicado en 1609, encontramos la "raça" castellana traducida en términos de "linaje" y "generación" (Girolamo 1609), mostrando la preocupación contemporánea por la genealogía para establecer que uno era español y cristiano, en particular para los conversos judíos o musulmanes (Feros 2017; Cañizares Esguerra 2009a). En esta etapa temprana, y en el contexto europeo, el término "raza" no tenía, por lo tanto, las implicaciones biogenéticas que tiene hoy en día (Aubert 2004; Carrera 2003; Chaplin 2002; Newman 2018; Schiebinger 2017).

Con respecto a los factores ambientales en el entrelazado, esta breve visión general ha mostrado cómo, casi como una especie de ajuste predeterminado, las primeras concepciones modernas del cuerpo y la "complexión" conectaron profundamente a los seres humanos con sus respectivos entornos. Con sus raíces en la antigüedad griega y la posterior adición del conocimiento médico y la astrología árabe, la longevidad de este entendimiento de cómo los humanos estaban entrelazados con el medio ambiente se hace evidente. Hasta ahora, las descripciones de las regiones geográficas, teces y los colores de la piel han sonado más bien como hechos, como se ha dicho anteriormente: sin juicio de valor. ¿Cómo, entonces, entró en escena la percepción del color negro como una cualidad negativa que marcaba a las personas como potencialmente "esclavizables"? Bodin da una breve pista que, de hecho, marca un patrón general e importante en el discurso intelectual europeo para la justificación de la esclavitud de los africanos. En un párrafo anterior al de los Leuco-Etiopes citado anteriormente, Bodin habla de las condiciones de los trópicos, del calor abrasador, de que "no había bosques, pocos ríos y la perpetua llanura de las arenas". A esto añade que, no sólo los etíopes[11] (que vivían bajo los trópicos) tenían la piel negra sino también los indios (de la India). "Difícilmente puedo ser persuadido de que los hombres son hechos negros por la maldición de Cham, como informa cierto hombre culto" (Bodin y Reynolds 1945, 87). Con esta observación, Bodin se refirió a la historia bíblica del hijo de Noé (también llamado Cham o Cam), que fue la otra línea de argumentación de cómo se produjo el color negro de la piel, y también de la esclavitud de los africanos, como veremos en un momento.

En su capítulo sobre la complexión, Groebner cita principalmente fuentes de Europa continental y, a juzgar por su literatura secundaria, más bien la perspectiva moderna temprana anglosajona y francesa, mientras que la experiencia española y del Nuevo Mundo español está ausente de su relato. Sin embargo, la perspectiva colonial española es crucial para nuestras preguntas sobre cómo los factores ambientales pueden influir en el color de la piel y cómo este nexo puede convertirse en un argumento para la esclavitud. Citando a Ann-Laura Stoler, el historiador Jorge Cañizares Esguerra ha argumentado que las periferias coloniales eran "laboratorios de la modernidad", donde la cuestión de la "raza", en particular, llegó a ser discutida con urgencia a mediados del siglo XVI y principios del XVII que no tenía comparación en la Europa de la época (Canizares Esguerra 1999, 68). Y a pesar de que el jurista francés Jean Bodin dudaba de que la Maldición de Cam tuviera algo que ver con el color negro de la piel, esta historia bíblica aparentemente había servido como justificación para la subordinación de los campesinos y los judíos, así como para la esclavitud de los africanos desde la antigüedad.

---

11   Etiopía es la traducción griega del hebreo Kush, ambos términos significan etimológicamente "cara quemada", es decir, de piel oscura. El término Etiopía pasó del griego al latín y a otras lenguas europeas, y fuera del contexto bíblico pasó a significar "África negra(n)". Véase (Goldenberg 2017, 7-8).

Cañizares Esguerra en un artículo de 2009 subtitulado *The Early Modern Body in the Tropics* (*El cuerpo moderno en el Trópico*) despliega otra capa de complejidad en el nexo entre el medio ambiente, el cuerpo y la cuestión de la esclavitud (Cañizares Esguerra 2009a). Cañizares Esguerra comienza explicando cómo se imaginaba la conexión entre la herejía y las permanentes transformaciones demoníacas del cuerpo en la España moderna. La herejía no sólo contaminaba el cuerpo y el ser del hereje, sino que afectaba a su línea de sangre directa hasta la cuarta generación (Cañizares Esguerra 2009a, 315). La herejía era, por lo tanto, una condición física hereditaria que debía ser desmentida por un linaje "limpio", lo cual, a través del significado de "linaje", se conecta de nuevo con la definición de "raça", citada anteriormente. A principios de la España moderna, los conversos y moriscos (judíos o musulmanes convertidos y sus descendientes) se consideraban en peligro de volver a caer en estas "creencias enemigas" y, por lo tanto, eran particularmente sospechosos. La Inquisición ideó un riguroso sistema de interrogatorio de estos individuos basado en los registros genealógicos, que sin embargo, según Cañizares Esguerra, era fácil de manipular. En última instancia, estos cuestionamientos (probanzas) se convirtieron más bien en una forma de que los conversos y moriscos borraran los recuerdos de sus antecedentes no cristianos, que en una estigmatización racial de sus personas (Cañizares Esguerra 2009a, 318).

Sin embargo, la idea cristiana de manchar un linaje durante generaciones por medio de la herejía, el pecado o las malas acciones morales también se encuentra en el corazón de la historia de la Maldición de Cam (Génesis 9: 18-25) mencionada anteriormente. Según Cañizares Esguerra, esta narración "hizo su sucio trabajo ideológico" en las Américas, junto con otro relato de maldición (Jacobo maldiciendo a Isacar), que fue usado como justificación de la esclavitud indígena (Cañizares Esguerra 2009a, 316). Con respecto a la maldición de Cam, hemos visto que Bodin dudaba de la maldición de Noé como el origen de la piel negra, no sólo en los "etíopes" sino también en los indios (de la India). Esto significa, sin embargo, que tal línea de razonamiento existía en el momento en que Bodin escribió su *Methodus* a mediados del siglo XVI. Al mismo tiempo, esta maldición también fue considerada como la historia de origen de la esclavitud, de tal manera que los dos aspectos se mezclaron y surgieron como la referencia bíblica en apoyo a la esclavitud de los morenos, y de los africanos en particular.

En varias publicaciones, el académico de Estudios Judaicos y del Oriente Próximo David Goldenberg retrató y desenlazó la combinación de ambos, la historia de la esclavitud y la del origen del color negro de la piel (Goldenberg 2003, 2017). Encontró que son, de hecho, dos historias bíblicas separadas, una de origen rabínico en la que el hijo de Noa, Cam, se volvió negro después de cometer un pecado en el Arca, y otra de origen cristiano (la de Génesis 9) en la que el hijo de Noé, Cam, comete un pecado y Noé maldice al hijo de Cam, Canaán, y a sus descendientes a la esclavitud (Goldenberg 2017, 25-7). Estas dos historias sufrieron un complejo proceso morfológico en el antiguo Oriente Próximo. Goldenberg pudo rastrear la conexión entre el color de la piel y la esclavitud en las tradiciones musulmanas y en particular en la época de las conquistas musulmanas en África durante el siglo VII. El aumento de la esclavitud de los africanos durante este tiempo influyó en la confusión/relación del color de la piel negra y la servidumbre, no sólo en la vida real sino también en la forma en que se entendía la historia bíblica: "La forma dual de la maldición de Cam, en la que la piel negra forma parte de la maldición, fue un resultado directo de la malcreciente importación de esclavos negros a las tierras árabes, y la consiguiente degradación de su condición. Este fue un desarrollo importante en la saga de la Maldición de Cam, ya que la doble maldición ataba más profundamente la negrura a la servidumbre". Es en este punto donde el color negro de la piel en la percepción de los norteafricanos y europeos de piel más clara evolucionó históricamente hasta convertirse en un marcador intencional de servidumbre (Goldenberg 2017, 199-200). Esta versión confeccionada de la Maldición de Cam se abrió camino desde Oriente hasta la Península Ibérica a través de la conquista musulmana y sus influencias culturales, y desde allí, como veremos en un momento, hasta el Caribe a partir del siglo XVI.

Por lo tanto, de lo anterior ha quedado claro cómo se vincularon en las tradiciones religiosas judeocristianas y musulmanas la idea del pecado como una propiedad física hereditaria, el color negro de la piel y la esclavitud como una maldición y castigo. ¿Por qué, sin embargo, el color negro de la piel debe ser inherentemente estigmatizado negativamente? Antropológicamente hablando, las etiologías del color de la piel parecen ser un fenómeno universal. Las sociedades con un color de piel más o menos uniforme que entraran en contacto con pueblos de un color marcadamente diferente desarrollarían una etiología que explicaría cómo se había producido la diferencia. Tales etiologías de color de piel existen en las sociedades nativas americanas post-contacto europeo, pero también en las sociedades de piel oscura, lo que explica la existencia de individuos de piel más clara (Goldenberg 2017, 28). Para nuestra anterior pregunta, el caso de la antigua Grecia es, quizás no sorprendentemente, informativo de nuevo. Cuando los antiguos exploradores griegos descubrieron la existencia de pueblos africanos de piel oscura, desarrollaron dos líneas de argumentación para explicar el color de su piel. El primero que ya hemos encontrado, aunque mediado por los primeros textos europeos modernos, principalmente, que como estos pueblos vivían al sur de los griegos, se quemaban por el calor del sol. Los del norte eran blancos por la falta de luz solar y, recordando el conocimiento etnográfico griego transmitido por Bodin, también eran lentos y un poco mudos por el exceso de humedad del aire del norte. Los griegos, desde su propio punto de vista, tenían el color y la complexión adecuados.

La segunda línea de argumentación era mitológica. Sostenía que Paetón, el hijo del dios del sol Helios, había acercado demasiado la carroza solar a la tierra y en el curso había quemado a los pueblos de Etiopía (Goldenberg 2017, 29). En otras palabras, a través del antiguo conocimiento etno-geográfico griego que fue accesible a los exploradores europeos del siglo XV y siguientes, la línea ambiental del argumento del color negro de la piel permaneció en el repertorio explicativo de los europeos. La mitología griega, por otro lado, fue reemplazada por la judeo-cristiano-musulmana tal como se había desarrollado en el Oriente Próximo.

Es importante señalar que el argumento ambiental no fue de ninguna manera neutral. Las condiciones "justas" siempre se inclinaban positivamente dependiendo de quien argumentaba, que a menudo era representativo de un Imperio. Afirmar "condiciones magníficas" para su propio pueblo fue (y es), aparentemente, un universal humano así como las etiologías del color de la piel. Griegos, romanos, chinos, italianos, españoles, franceses, ingleses y alemanes reclamaron estas condiciones para sí mismos en varias ocasiones a lo largo de la historia (Goldenberg 2017, 29; Groebner 2004, 379).

Cuerpos españoles, indios y africanos en los trópicos americanos

Aunque la narración de la Maldición de Cam, tal y como la delinean Goldenberg y Cañizares Esguerra, sugiere que se había establecido una conexión entre la piel negra y la servidumbre en el contexto judeo-cristiano-musulmán del Oriente Próximo y que la narración o el contenido de esta historia de la maldición bíblica se había extendido por toda la Península Ibérica a finales del siglo XV, la cuestión sigue siendo, cuán penetrante y potente era en realidad, en particular en el contexto de la temprana expansión portuguesa a lo largo de la costa occidental africana. Al observar esta historia de expansión, que precedió inmediatamente al intento de Colón de llegar a la "India" navegando hacia el oeste, y que sentó las bases para la posterior trata de esclavos africanos, el panorama que se está perfilando es más complejo de lo que podría sugerir la historia de la maldición y su implícito diferencial de poder.

En un primer momento, entra en juego el entorno en forma de zonas meteorológicas de Aristóteles, en particular la "tórrida", delimitada por las líneas equinocciales del Trópico de Cáncer y del Trópico de Capricornio. Este espacio cartográfico, geográfico imaginario y, con la exploración de la Costa Oeste africana a partir de la década de 1420, también el espacio experimental, fue preconfigurado para los europeos por la antigua cosmografía, geografía y etnografía griegas. En otras palabras, los relatos geográficos de Herodoto, Ptolomeo y Plinio prepararon plenamente a los exploradores portugueses para esperar a los "etíopes" de piel oscura al margen de la "zona tórrida", que se consideraba inhabitable por su calor y su esterilidad. También hablaron de "Etiopía", una vasta y no claramente definida tierra de abundancia más allá del Sahara (Cagle 2018, 128-9; Wey Gómez 2008, 74,78). Sin embargo, lo que empezó a surgir durante la exploración portuguesa de la Costa Oeste africana fue que esta exuberante tierra se encontraba *dentro* del espacio de las dos líneas equinocciales, es decir, que en la "zona tórrida" se encontraban tierras sanas, abundantes y, sobre todo, pobladas. Así, mientras que varios de los antiguos preconceptos parecían confirmarse, uno importante geográfico, la zona tórrida por ser inhabitable y estéril, comenzó a inestabilizarse ya durante la segunda mitad del siglo XV.

Si tomáramos la historia de la Maldición de Cam al pie de la letra y como base de cómo los europeos; o en nuestro caso los ibéricos, veían a los africanos de piel oscura, tendríamos que inferir que los portugueses llegaron a "Etiopía" con la idea de su derecho a subyugar y esclavizar a los pueblos que encontraron en las costas de Guinea y lo que se conoció como las Costas de Oro y Marfil por el color de su piel. Tras la poderosa crítica de Herman L. Bennett a las proyecciones poscoloniales en la historia moderna temprana del encuentro luso-africano, éste no fue el caso. Sostiene que las relaciones luso-africanas durante la última mitad del siglo XV estuvieron marcadas por el reconocimiento europeo de la autoridad y la soberanía de los pueblos "paganos" con los que se encontraron. Al realizar negocios con reinos africanos a veces importantes, los portugueses a menudo tuvieron que dedicarse a la diplomacia y la política en contradicción con sus propias costumbres religiosas y legales. La medida en que estas políticas se ajustaban a las nociones de soberanía ibérica tardomedieval (basadas en el derecho civil y canónico romano) informaba quién podía ser esclavizado. Bennett demuestra esta relación mediante una lectura matizada de la bula papal *Romanus Pontifex* (escrita en 1455), que confirmó el dominio portugués sobre todas las tierras (pero no la posesión o el despojo de los pueblos) al sur del Cabo Bajador (Bennett 2019, 84-5). No se trata de argumentar que los ibéricos no esclavizaron a los africanos, sino de aclarar la noción bajo la cual la esclavitud de los pueblos se consideraba posible en el pensamiento europeo del siglo XV y principios del XVI.

En lo que respecta al entrelazado y al medio ambiente, es evidente cómo el "ambientalismo hipocrático" y el "humoralismo galénico" informaron las expectativas portuguesas sobre los seres humanos y la naturaleza en la "zona tórrida" al navegar más allá de las regiones previamente conocidas de la costa occidental africana. Sin embargo, este conocimiento preconcebido, que incluía la identificación de los pueblos del norte y el sur del mundo habitable como "bárbaros", no se traducía en simples manuales de opresión y esclavitud. El cambio importante y la novedad se produjo en relación con los tipos de ambientes y, por consiguiente, los recursos que se podían encontrar "bajo los trópicos" (*sub tropicis*).[12]

Las riquezas que los portugueses adquirieron de su comercio con los africanos subsaharianos no permanecieron ocultas a los españoles y, por lo tanto, también la realización de que cruzar el Trópico de Cáncer no significaba necesariamente la muerte y la desolación por el calor abrasador. Podría significar entornos exuberantes y metales preciosos, que los españoles buscaban con urgencia. Este cambio en la percepción del medio ambiente y la expectativa de lo que se puede encontrar "bajo los trópicos" también puede haber informado a Colón no sólo a navegar hacia el oeste para encontrar "la India", sino también a navegar *hacia el sur*. Debido al Tratado de Alcaçovas (1479) entre Portugal y España, que dio derechos comerciales exclusivos a los portugueses en el Atlántico al sur de las Islas Canarias, a Colón no se le permitió de hecho navegar hacia el sur desde esas islas. Según

---

12 Esta expresión es utilizada por Bodin en Methodus, mostrando que en la década de 1560, si no antes, los "trópicos" se consideraban una región distinta con propiedades específicas (pero a lo largo de la expansión europea también cambiantes) (Bodin 1566, 82).

la investigación de Nicolás Wey Gómez, Colón trató de ocultar su curso meridional a la corona española así como al rey portugués, debido al tratado y para proteger su "descubrimiento" de los reclamos portugueses hasta que fue asegurado para España por la bula papal *Inter caetera* en mayo de 1493 (Wey Gómez 2008, 313-4). Wey Gómez argumenta que con el "trópico africano" en mente, Colón navegó hacia el oeste *y el sur,* esperando encontrar gente de piel oscura, ambientes abundantes, plata y oro. Aunque las personas que encontró en las islas del Caribe no coincidían con las expectativas tropicales de Colón en cuanto al color de la piel, sin embargo las describió como inferiores y cobardes (como se muestra en el capítulo 2) y, por lo tanto, potencialmente "esclavizables" (Wey Gómez 2008, 315).

De forma similar a lo que Bennett observa para el contacto afroportugués, Colón proyectó los entendimientos medievales tardíos de autoridad y soberanía en estas nuevas tierras. Como no encontró ninguna oposición cuando siguió el protocolo oficial ibérico de tomar posesión de la tierra levantando el estandarte real, conjeturó que la población de las islas del Caribe no estaba bajo ninguna soberanía discernible. Tampoco reclamaban la posesión de la tierra, por lo tanto, según la lógica cristiana, la población podía ser esclavizada y la tierra podía ser puesta en posesión de los españoles (Wey Gómez 2008, 319). Por lo tanto, aunque la Maldición de Cam había unido el color de la piel y la esclavitud, la cuestión de la soberanía y el legítimo señorío de la tierra parece haber sido más dominante en lo que respecta a la cuestión de la esclavitud a finales del siglo XVI.

Sin embargo, aparte de las consideraciones políticas de (en la perspectiva europea) "tierra no reclamada", los aspectos relativos a la física indígena también se utilizaron como justificación para su esclavitud. Como veremos dentro de un momento, en América, estos aspectos corporales apuntaban al medio ambiente y, por lo tanto, tenían implicaciones a gran escala también para los españoles que vivían allí. Además de señalar que los indios de La Española iban en gran parte desnudos, los españoles también notaron que los hombres indígenas no se dejaban crecer la barba. El fraile dominico Gregorio García dedicó una extensa parte de su tratado sobre el *Origen de los indios del Nuevo Mundo,* publicado en 1607, a la razón por la cual no fue así. Gran parte de su capítulo sobre "por qué los indios no tienen barba" se centra en la cuestión del medio ambiente y si fue el calor de la "zona tórrida" lo que impidió que los indios se dejaran crecer la barba. Se les comparó con los "etíopes" que también vivían en la zona tórrida y tampoco tenían barba.

A continuación García planteó la preocupación de si era posible que los españoles perdieran sus barbas con el tiempo, viviendo en el mismo ambiente que los indios. El argumento en contra de tan lenta degeneración se hizo sugiriendo que los españoles podían mantener su condición y sus barbas comiendo alimentos europeos como el pan, el vino y las carnes rojas. Otro argumento planteado confinó el problema más fuertemente a los cuerpos indígenas, más que al ambiente americano. García hizo el argumento patológico humoral de que los hombres indígenas son "de naturaleza húmeda, y no tienen el suficiente calor natural que se requiere para superar esta humedad, por lo tanto no tienen barba, Como sucede con las mujeres, los castrados y los niños hasta que llegan a la edad de procrear" (García 1607, 161). Así, además y en relación con el hecho de que los alimentos nativos no eran adecuadamente nutritivos (García 1607, 154), los cuerpos de los indígenas, debido a su excesiva humedad, se parecían más a los de las mujeres, por lo que no les crecía vello facial y generalmente no eran muy fuertes y no eran "para mucho trabajo" (García 1607, 161). Claramente, las barbas como signo de paso de niño a hombre, eran una indicación de masculinidad y virilidad para los primeros españoles modernos (véase también Earle 2012, 24; Schiebinger 2004, capítulo 4).

Sin embargo, y de manera importante para nuestra pregunta sobre el nexo entre la piel oscura y la esclavitud, las barbas eran también el signo de los hombres libres en la España moderna temprana, como Groebner comenta en su ensayo sobre la complexión. "Entre otras cosas, era el derecho a llevar barba lo que distinguía a los trabajadores varones libres de los esclavos en Italia y España en los siglos XVI y XVII" (Groebner 2004, 377). Aunque yo no daría demasiado crédito a este factor en la cuestión de qué hizo a algunas sociedades más "esclavizables" que otras para los primeros iberos modernos, aunque es sin embargo una interesante información adicional. En particular, a la luz de la comparación intertropical de Gregorio García entre los "etíopes" sin barba de África y los "indios" igualmente sin barba de América, ambos de hecho esclavizados por los ibéricos en el curso del siglo XVI.

Junto con Nicolás Wey Gómez, quien sugiere que la "tropicalidad" ya estaba en funcionamiento como principio organizador en las primeras etapas de la expansión española a través del Atlántico, yo consideraría la comparación de García como parte del proceso en curso de definición de este espacio cartográfico y geográfico. Como ya ha quedado claro, los factores ambientales, ya sea en forma de recursos codiciados y/o como parte integral de la comprensión del cosmos de finales del medioevo/renacimiento, la salud humana y el carácter son la base de la desigualdad de poder en las relaciones coloniales. Esto puede parecer obvio, sin embargo, para un gran número de enfoques culturalistas de la historia colonial no lo es. Citando la todavía (o más) actual introducción de Joyce Chaplin en 2001 a su libro *Subject Matter: Technology, The Body, and Science on the Anglo-American Frontier, 1500-1676 (Tecnología, el cuerpo y la ciencia en la frontera angloamericana, 1500-1676)*: "El descuido de las teorías inglesas sobre la naturaleza ha dado la sensación de que los ingleses entendieron su lugar en el nuevo mundo en términos divorciados del mundo natural, como si la historia intelectual de la América primitiva tuviera que ver sólo con la política y la religión" (Chaplin 2001, 10). Esto es igualmente cierto para la historia temprana de la América española. Además, con el ejemplo de la suposición implícita de Colón de esperar riquezas similares al oeste y al sur al otro lado del Atlántico como las que los portugueses habían encontrado en la "zona tórrida" de la costa oeste africana, vemos de nuevo cómo las prácticas de comparación se convierten en el motor de la historia entrelazada. Además, esta comparación implícita e inicialmente no discursiva del *sub tropico* de la "zona tórrida" de la costa occidental africana con la de las Américas, marca el inicio de la construcción europea de "los trópicos".[13]

Volvamos por un momento al nexo de la religión, el "ambientalismo hipocrático" / "humoralismo galénico", la esclavitud y la noción de raza. Ese color oscuro de la piel no era un requisito previo para la esclavitud a finales del siglo XVI, a pesar de la existencia y la propagación de la maldición de Cam, también se evidencia en la esclavitud de la población indígena de las Américas. Factores ambientales como la "humedad" antes mencionada que influyó en los cuerpos y el carácter de la población indígena determinaron su "inferioridad" y, por lo tanto, su "esclavizabilidad". Sin embargo, si el entorno americano (incluyendo las nuevas estrellas) pudiera tener un efecto tan degenerativo en la población nativa que, después de algún razonamiento inicial por parte de los españoles, se consideraba descendiente de Noé, podría tener el mismo efecto en los españoles y sus descendientes que vinieron a establecerse en el Nuevo Mundo. Sus cuerpos podrían degenerar y volverse afeminados al grado de convertirse en "indios". Este efecto podría evitarse en cierta medida comiendo alimentos europeos, como lo señala el tratado de García y como lo elabora Rebecca Earle en su libro *The Body of the Conquistador (El Cuerpo del Conquistador)* (Earle 2012).

Jorge Cañizares Esguerra ha descrito cómo esta amenaza comenzó a ser discutida en un discurso transatlántico a lo largo del siglo XVI. En particular, los españoles peninsulares podrían utilizar el tema de los trópicos degenerados contra los *criollos* americanos. En esta batalla por la superioridad en la forma de interpretar el ambiente americano y el carácter *criollo*, los hispanoamericanos refunden la maleabilidad del cuerpo indio y africano en los trópicos americanos (Canizares Esguerra 1999, 37; Cañizares Esguerra 2009a, 321-2). Para mantener que los ambientes americanos *no* eran degenerativos,

---

13 Wey Gómez ve el proceso de entender "los trópicos" como un espacio distinto ya desde principios del siglo XV, mientras que Hugh Cagle en su Ensamblaje de los Trópicos percibe el concepto de los trópicos como algo que sólo se pone de relieve (en particular en el contexto de la historia de la medicina) a principios del siglo XVIII. (Cagle 2018, 803-4).

pero al mismo tiempo insistir en la inferioridad física y mental de los amerindios, los criollos hispanoamericanos inventaron durante el siglo XVII cuerpos indígenas y africanos que eran ontológicamente diferentes de los suyos. En otras palabras, a partir de mediados del siglo XVII, en las colonias españolas surgió un discurso racializado que se centraba en las diferencias supuestamente inherentes entre los cuerpos indígenas y criollos. Sin embargo, esta noción de "diferencia corporal según la línea 'racial'" no se extendió a la península, y mucho menos a los grandes discursos europeos, por lo que persistió la idea de un cuerpo poroso que podía ser modificado por las condiciones ambientales o las constelaciones astrales (Cañizares Esguerra 2009a, 322). Sin embargo, el proceso de endurecimiento de las categorías corporales raciales se repitió en la isla de Jamaica en el contexto colonial británico durante su evolución hacia una sociedad esclava de pleno derecho durante los siglos XVII y XVIII, como ha demostrado Brooke Newman en *A Dark Inheritance (Una Oscura Herencia)* (Newman 2018). El desplazamiento de los africanos negros a regiones fuera de los trópicos y el hecho de que esto no cambiara el color de su piel desacreditó la fuerza explicativa del "ambientalismo hipocrático" para el color de la piel, mientras que curiosamente se mantuvo intacta para describir las supuestas diferencias morales entre los pueblos "tropicales" y "templados", como lo ejemplifican las referencias de Joseph Renny a la pereza y la indolencia al comienzo de este capítulo.

La maldición de Cam, que relaciona la piel oscura con la esclavitud, así como la maldición de Isacar, que fue empleada por los españoles para justificar la esclavitud indígena, formaron parte del repertorio justificativo de los criollos a lo largo del período arriba señalado (Cañizares Esguerra 2009a, 316; 2009b, 248). Aunque David Goldenberg sólo localiza la maldición de Cam en la América británica a partir de 1700, ya llegó a las Américas con los coloniales españoles y fue utilizado para justificar la esclavitud africana en un momento de expansión del imperio español a mediados del siglo XVII. Alonso de Sandoval, un sacerdote jesuita dedicado a la cristianización de los africanos esclavizados, justificó su esclavitud principalmente por medio de la maldición de Cam, que también explicó señalando el hecho de que Cam se asociaba con *calidus*, que en latín significa "calor", es decir, invocó el argumento ambiental explicado anteriormente en este capítulo (Almeida de Souza 2006, 16). Siguiendo el argumento de Cañizares Esguerra y otros (p.e. Seth 2018, 174-6) sobre la disminución de la influencia del argumento ambiental como causa de los diferentes colores de piel durante el siglo XVIII, es posible argumentar que la justificación cristiana/religiosa de la esclavitud se incrementó mientras que el "ambientalismo hipocrático" se desvaneció en el fondo.

Adaptación, preadaptación y aclimatación

A mediados del siglo XVIII, el discurso de que los blancos no podían realizar trabajos forzados en las condiciones de la "zona tórrida" se había extendido por todo el mundo colonial francés y británico. En otras palabras, la imagen de los trópicos como un ambiente peligroso y lleno de enfermedades para los europeos (recién llegados) se había consolidado para entonces. Sólo los europeos que habían vivido en ambientes tropicales o incluso habían nacido allí adquirieron cierta medida de protección contra estas condiciones peligrosas. Sin embargo, a pesar de esta ventaja médica, que generalmente se refería a una cierta resistencia contra las enfermedades tropicales, la imagen del criollo blanco americano o caribeño seguía siendo negativa. Los trópicos habían evolucionado para ser vistos como generadores de lascivia, promiscuidad y pereza en sus habitantes (Arnold 1996a, 1996b; Livingstone 1991, 2002; Osborne 2014; Wey Gomez 2013; Newman 2018).

La cuestión de si los europeos podían vivir y mantener su salud en estos climas tropicales y cómo hacerlo era tan interesante para los regímenes coloniales del siglo XVIII como lo había sido para los españoles durante los siglos XVI y XVII, sobre todo en el contexto de la guerra. Aunque se podría argumentar que el concepto de "adaptación" al medio ambiente y al clima (en el sentido moderno) está en el centro de la patología humoral, el concepto comienza a aparecer cada vez más en el contexto de la medicina tropical temprana del siglo XVIII. Por ejemplo, la mortalidad de las tropas británicas estacionadas en el territorio ocupado de Saint Domingue francés durante los primeros años de la Revolución Haitiana (1791-1804), fue discutida en términos de (no) adaptación al clima local por los contemporáneos. Hector McLean, Asistente del Inspector de Hospitales del ejército británico, señaló en un informe que, a diferencia de las tropas británicas recién llegadas, "los habitantes franceses estaban compuestos principalmente por personas nacidas en Saint Domingue, y respaldados a esa gradual adaptación al clima, que el hábito confiere a los nativos de las regiones más insalubres" (McLean 1797, 13).

Sin embargo, con la idea de que los trópicos eran insalubres para los europeos también vino la noción de la pre-adaptación[14] de los africanos a esas condiciones a fuerza de haber nacido en la misma zona meteorológica, "bajo el clima de los trópicos" y la noción, entonces solidificada, de los pueblos de piel oscura (tropicales) como esclavos. Este argumento climático (todavía en el sentido premoderno) de la esclavitud se hizo omnipresente para justificar la trata transatlántica de esclavos en el siglo XVIII. Por ejemplo, en su *History of Jamaica (Historia de Jamaica)*, Edward Long escribió acerca de la relación entre los colonizadores blancos y los africanos esclavizados: "La justa subordinación, dentro de la línea de la cual nuestros negros deben ser mantenidos, no prescinde de ninguna manera de

---

14 Según el geógrafo William B. Meyer, el concepto de preadaptación se originó en el campo de la geografía cultural en la década de 1970, y se ha aplicado con mayor frecuencia a los casos en que los grupos de población migran de un entorno a otro. Señala el hecho de que "entre los rasgos culturales que los migrantes llevan consigo, algunos se adaptarán bien al nuevo entorno". Los migrantes que poseen esos rasgos se describen como preadaptados a su nuevo entorno. Es probable que les vaya mejor allí, en igualdad de condiciones, que a otros recién llegados con rasgos poco adaptados a las nuevas condiciones" (Meyer 2000, 291).

nuestro amor y trato humano. Estamos obligados, tanto por la razón como por el interés propio; la fuerza corporal, y su adaptación al clima, les permitiría pasar de las estaciones más bajas a las más altas [...]" (Long 1774, 2, 503-4). En otras palabras, una de las razones para tratar a los esclavos con humanidad era porque sus características físicas y su supuesta preadaptación al clima les permitían vivir y trabajar en todas las partes de la isla, lo que los convertía en "activos" valiosos para los colonos.

En un folleto titulado *Idea del valor de la isla Española*, el criollo de color de Santo Domingo, Antonio Sánchez Valverde, describe las formas en que la parte española de la isla de La Española podría hacerse económicamente valiosa para la Corona Española. La isla había experimentado una larga decadencia a finales del siglo XVI y XVII y sólo había empezado a recuperarse con el establecimiento adecuado de la colonia francesa de Saint Domingue en el lado occidental del territorio en 1697. Sánchez Valverde retrató con colores brillantes a Saint Domingue, que en el momento de su escritura en la década de 1780 ya se había convertido en la colonia azucarera más valiosa del mundo. Citando el relato de viaje de un mercader francés (Weuves 1780), describió cómo la española Santo Domingo podía llegar a ser igual, o incluso mejor, que la francesa Saint Domingue al entender que "es imposible cultivar el suelo de la *zona tórrida* sin *negros*" y que "estos climas ardientes no permiten a *los europeos* resistir a las fatigas de su cultivo. Todos ellos juntos no serían suficientes para este trabajo. Sólo aquellos que nacieron entre los trópicos pueden soportar el calor excesivo del sol bajo su gradiente" (Sánchez Valverde 1785, 148, énfasis original). En otras palabras, la corona española debería invertir en la importación masiva de aquellos africanos esclavizados que ya estaban "preadaptados" a las condiciones de La Española.

Los informes de principios del siglo XVIII de los ingenieros franceses que construyeron Nueva Orleáns y el fuerte *La Balize* en la desembocadura del Misisipi abundan en quejas sobre la debilidad de los blancos que no soportaban el clima tropical y la necesidad de los esclavos africanos de construir diques o fortificaciones. En enero de 1723, el ingeniero Le Blond de La Tour, por ejemplo, escribió a la

Compañía de Indias, que gobernó Louisiana entre 1717 y 1731, que los propietarios de las plantaciones pedían esclavos africanos ya que "los blancos que fueron enviados no pueden hacer nada ya que carecen de alimentos franceses". Y en septiembre del mismo año, De La Chaise, inspector de la Compañía, escribió a los directores que era necesario que "vinieran [a la colonia] buenos trabajadores, pues los que están aquí son inútiles y hasta hay que pagarles 12 o 15 francos al día. Los que están al servicio de la Compañía están enfermos desde que llegamos y no hay nadie que haya hecho ningún trabajo [todavía]."[15] Aunque el término adaptación no se utiliza en estos registros, la noción preconcebida de que los africanos esclavizados serían más adecuados (y más baratos) para esta obra, se encuentra claramente en la correspondencia colonial.

Al mismo tiempo que el concepto de adaptación entró en uso para los seres humanos y sus entornos, en Francia el término *aclimater*, aclimatarse, apareció en el contexto del discurso médico, agrícola y zoológico sobre la colonización de Saint Domingue (Osborne 2000, 137). En 1798, el verbo *aclimatar* había encontrado entrada en el *Dictionnaire de l'Aacadémie Française (Diccionario de la Academia Francesa)* y se definió como "acostumbrarse a la temperatura de un nuevo clima" (Dictionnaire de l'Académie Française 1798). En Francia y Gran Bretaña, a lo largo de los siglos XVIII y XIX, la teoría de la aclimatación se convirtió en una ciencia que incluía el trasplante de plantas, animales y humanos a diferentes climas. "La fe en la maleabilidad de la forma y la función de los animales y las plantas tipificó el enfoque francés de la aclimatación, y ayuda a explicar por qué los franceses intentaron introducir todo, desde avestruces hasta yaks y llamas, tanto en su propio país como en sus dependencias". La aclimatación sólo perdió su atractivo después de la difusión de la teoría de los gérmenes de Louis Pasteur y de los avances en la investigación

---

15 Le Blond de La Tour to Directors (Le Blond de La Tour a los Directores), 15 de enero de 1723, ANF, ANOM, Colonies, C13 A 7, Fo. 197v. De la Chaise to Directors (De la Chaise a los Directores), 6 de septiembre de 1723, ANF, ANOM, Colonias, C13 A 7, Fo. 16v.

parasitológica de las enfermedades tropicales a finales del siglo XIX (Osborne 2000, 139-40).

Parece, entonces, que el concepto de "adaptación a un medio ambiente" (o clima) se originó en la experiencia colonial y en el discurso sobre los cuerpos europeos y africanos "bajo los trópicos" (*sub tropicis*). Esto es irónico y debería dar lugar a una pausa, dado que la actual crisis climática y el renovado uso de este vocabulario fue en gran medida provocado por las emisiones de las "naciones desarrolladas" occidentales cuyo propio desarrollo se construyó (y sigue construyéndose) sobre la explotación colonial de los trópicos y sus pueblos. Sin embargo, ésta es sólo una de las ironías que el Antropoceno crea con respecto a la historia de la Modernidad occidental. Muchos otros fueron señalados por académicos como Amitav Ghosh, Dipesh Chakrabarty y Franz Mauelshagen (Chakrabarty 2009; Ghosh 2016; Mauelshagen 2017b).

Durante los siglos XVI y XVII, los criollos hispanoamericanos continuaron explicando el entorno, los pueblos y las estrellas del Nuevo Mundo comparándolos con la antigua cultura romana o griega. Al hacerlo, asumieron una semejanza entre amerindios y romanos o griegos, lo que en parte ocurrió en el contexto de la defensa de las Américas y de ellos mismos contra los españoles peninsulares que los consideraban física y mentalmente inferiores por vivir en el ambiente "degenerado" de las Américas. Estas prácticas de comparación fueron rechazadas por Cornelio de Pauw y el abate Raynal en el contexto del siglo XVIII de la "disputa del Nuevo Mundo". Las fuentes españolas sobre la historia de las Américas fueron desestimadas por los europeos en este proceso y se forjaron nuevas interpretaciones de la flora, la fauna y los humanos americanos con comparaciones en los contextos americano, británico y francés de este debate (Cañizares Esguerra 2001, 38-49; Epple 2020; Gerbi y Moyle 2010).

Siguiendo la genealogía de los tropos declarado por Joseph Renny sobre los africanos esclavizados en la cita inicial de este capítulo, se ha hecho evidente cuánto de esto, en la época de Renny más moderna, el pensamiento racista se basaba y había evolucionado a partir del "ambientalismo hipocrático" y el "humoralismo galénico" que concebían los cuerpos humanos (incluido el color de su piel) como porosos y adaptables a sus entornos. La evolución del concepto de raza y racismo no puede entenderse adecuadamente sin apreciar el papel que "el medio ambiente", en sus significados cambiantes, juega en esta historia (entrelazada).

Las prácticas implícitas y, al principio, no discursivas de comparación entre la "zona tórrida" africana y la recién descubierta del nuevo mundo, impulsaron el surgimiento de "los trópicos" como un espacio moralmente codificado y un imaginario geopolítico (Epple, Kramer 2016), y continuaron definiendo este espacio a lo largo de la historia. Quisiera destacar especialmente el nexo temático que se desarrolló con estas prácticas no discursivas y discursivas de comparación. Es decir, cuando se hicieron comparaciones relativas al *comparatum* de los trópicos, el "clima" – primero como una categoría espacial y hacia el siglo XIX como una categoría meteorológica – los efectos humorales que podía tener en el cuerpo (es decir, la emasculación), y el estatus que se derivaba de esta situación para los pueblos de las regiones tropicales a los ojos de los primeros europeos modernos (es decir, inferioridad y "esclavizabilidad") se invocaron junto con el primer *comparatum,* sin que fuera necesario hacerlo explícito. El nexo de unión entre esos temas era "el medio ambiente," es decir, "el ambientalismo hipocrático"/"el humoralismo galénico". Permítanme reformular esta idea señalando de nuevo la cita de Renny al principio de este capítulo. Aunque ninguna de sus afirmaciones es una comparación, se suman a cuatrocientos años de discurso comparativo sobre los trópicos y la esclavitud que habría sido inteligible para los contemporáneos en su dimensión "ambiental hipocrática"/"galénica humoral". Sólo he arañado apenas la superficie de estos sedimentos del tiempo, para invocar a Reinhart Koselleck (Koselleck, Hoffmann, y Franzel 2018), se necesita una investigación más detallada y más basada en fuentes primarias para exponer las capas individuales de estos sedimentos discursivos.

4

Conclusión: El medio ambiente en el entrelazado y las prácticas de comparación

Este ensayo ha cubierto el terreno familiar del "descubrimiento" de las Américas por parte de Colón y la historia, en parte familiar, del concepto de "raza" y del cuerpo en el contexto de la esclavitud de los africanos e indios en el Caribe. Sin embargo, argumentaría que destacar los factores ambientales en estas historias familiares ofrece nuevas perspectivas sobre el pasado. A lo largo de los casos prácticos puede haberse hecho evidente lo difícil que es tratar de operar con nuestros conceptos actuales de "medio ambiente" y "clima" a finales de los siglos XV, XVI y XVII, cuando estos términos no existían todavía o tenían un significado totalmente diferente. Indagar en estos aspectos ambientales de las historias entrelazadas requiere una constante sintonización e indagación de lo que el "ambiente" significaba para los contemporáneos en momentos específicos.

Sin embargo, ¿cuál es el valor añadido de unir las dos perspectivas conceptuales que he empleado en este ensayo? ¿Cómo, y si, es que están conectados? Sostengo que la perspectiva del medio ambiente en el entrelazado, permite una perspectiva más amplia y realista de las relaciones desiguales de poder (post-) coloniales y se aleja del punto de vista "como si la historia intelectual de la América colonial tuviera que ver solamente con la política y la religión" o la cultura, en todo caso (Chaplin 2001, 10). Los factores del entrelazado que he detallado en la introducción apuntan todos a los aspectos más "materiales" de las historias entrelazadas, y el primer caso práctico, en particular, ha mostrado cómo los factores ambientales están implicados en todos estos cuatro aspectos (poder político, migración, comercio y conocimiento). También ha demostrado que incluyendo los factores ambientales en el sentido "material" permite una nueva lectura del tema de la "conspiración indígena" y, al incluir los "archivos de la naturaleza" (registros paleoclimáticos), puede permitir una reconstrucción parcial de las condiciones climáticas y ambientales pasadas de esas sociedades.

El enfoque de las prácticas de comparación, sin embargo, se centra más fuertemente en el discurso. Como se ha mostrado en los capítulos 2 y 3, las prácticas implícitas y explícitas de comparación estuvieron en el mismo centro de la expansión europea de finales del siglo XV y XVI. Y el tema central de estas comparaciones fue "el medio ambiente", (concebido en un amplio sentido) en forma de nuevos recursos y medicinas deseables y extrañas, y, lo que es más importante, en el contexto del "ambientalismo hipocrático" y el "humoralismo galénico" que informaba a los ibéricos de las expectativas que podían encontrar hacia el oeste y el sur al otro lado del Atlántico.

Es crucial comprender cómo esta concepción de "el medio ambiente" y las estrellas se entrelazaba con un cuerpo humano poroso y adaptable. Como se ha mostrado en el capítulo 3, con esta perspectiva cosmológica de fondo, los discursos europeos sobre la "naturaleza de los indios" o de los "etíopes" son al mismo tiempo discursos sobre "el medio ambiente". En otras palabras, los conceptos que hemos separado claramente en el presente y que incluso pertenecen a diferentes disciplinas (a veces distantes) como la medicina, la biología, la genética, la meteorología y la ciencia del clima, se unen en la perspectiva del "ambientalismo hipocrático" y el "humoralismo galénico".

Esto no quiere decir que la perspectiva del medio ambiente en el entrelazado no pueda también desentrañar el lado discursivo de las historias entrelazadas. Sin embargo, las prácticas de comparación son capaces de capturar de manera única los discursos que precedieron y siguieron a las situaciones de contacto cultural, conquista y colonización que estaban impregnadas de tales "comparaciones ambientales". Como hemos visto en resumen en el capítulo 2, estas "comparaciones ambientales" se repitieron de forma similar, pero cada vez de manera distinta con cada ola de colonizadores en las Américas. El aspecto que cambia, es que los "recién llegados" posteriores confiaron y compararon su experiencia con los relatos e información de los primeros colonizadores, como en el ejemplo de los ingleses en Jamestown. La razón del sostenido significado de esta práctica de comparación de ambientes (de nuevo, en el sentido más amplio) es la notable constancia de diferentes elementos del "ambientalismo hipocrático" y del "humoralismo galénico", incluso en el siglo XIX y a principios del XX.

Es decir, la perspectiva de las prácticas de comparación en el contexto de la conquista de las Américas pone en claro la superposición de esos sedimentos de discurso sobre el medio ambiente, el clima (en el entendimiento moderno) y los pueblos y cómo esos sedimentos luego se fosilizan en clichés a lo largo del tiempo como en el caso del nexo del medio ambiente, el color de la piel, la raza y la esclavitud. No hace falta decir que estos clichés y "verdades" establecidas pueden convertirse en impulsores extremadamente eficaces de procesos históricos. Como se explica al final del capítulo 3, estos grupos temáticos suelen aparecer juntos, aunque no es necesario mencionarlos todos explícitamente o incluso formar parte de una comparación real como en la cita de Renny al principio del capítulo 3. Así es como se construye la "tropicalidad" a lo largo del tiempo, comenzando con la expansión portuguesa hacia África y el viaje de Colón hacia el oeste y el sur a la "India", como ha demostrado Nicolás Wey Gómez (Wey Gómez 2008).

En otras palabras, las prácticas de comparación pueden resaltar una línea importante y específica de historias entrelazadas y el medio ambiente, en concreto, el lado más culturalmente construido de estas historias, mientras que la perspectiva del entrelazado y medio ambiente puede acercarse al lado "material" del entrelazado. Evidentemente ambos enfoques pueden ser válidos por sí mismos, sin embargo, su combinación, en particular en el contexto de la conquista del contacto cultural y la colonización, presta una amplitud y un equilibrio que no sobrevalora el aspecto constructivista de la historia ni corre el riesgo de ser determinante para el medio ambiente.

5

Obras Citadas

Alberola Roma, Armando. 2014. *Los cambios climáticos. La pequena edad del hielo en España.* Madrid: Ediciónes Cátedra.

Albert, Mathias, Julia Engelschalt, Angelika Epple, Kai Kauffmann, Kerrin Langer, Malte Lorenzen, Torben Möbius, Thomas Müller, Leopold Ringel, Niko Rohé, Eleonora Rohland, Christopher Schulte-Schüren, Klaus Weinhauer, Thomas Welskopp, Tobias Werron. 2019. "Verlgeichen Unter Bedingungen Von Konflikt Und Konkurrenz". Working Paper des SFB 1288 1.

Almeida de Souza, Juliana Beatriz. 2006. "Las Casas, Alonso de Sandoval and the Defence of Black Slavery". *Topoi* (editión en línea) 2.

Altman, Ida. 2007. "The Revolt of Enriquillo and the Historiography of Early Spanish America". *The Americas* 63, n. 4: 587-615.

Anderson-Córdova, Karen Frances. 2017. *Surviving Spanish Conquest: Indian Fight, Flight and Cultural Transformation in Hispaniola and Puerto Rico.* Tuscaloosa: The University of Alabama Press.

Anghiera, Pietro Martire d', Joaquín Torres Asensio, y Jay I. Kislak. 1944. *Décadas del Nuevo Mundo. Colección de fuentes para la historia de América.* 1. ed. Buenos Aires: Editorial Bajel.

Anghiera, Pietro Martire d. 1555. *The Decades of the Newe Worlde or West India: Conteynyng the Nauigations and Conquestes of the Spanyardes....* Londini: En Aedibus Guilhelmi Powell.

Arnold, David. 1996a. *The Problem of Nature: Environment, Culture and European Expansion.* Oxford, Cambridge: Blackwell.

Arnold, David. 1996b. *Warm Climates and Western Medicine: The Emergence of Tropical Medicine, 1500-1900.* Amsterdam, Atlanta: Rodopi.

Aubert, Guillaume. 2004. "'The Blood of France'. Race and Purity of Blood in the French Atlantic World". *The William and Mary Quarterly* 61, n. 3: 439-478.

Bayly, Christopher Alan. 2004. *The Birth of the Modern World, 1780-1914: Global Connections and Comparisons*. Malden: Blackwell.

Behringer, Wolfgang. 2005. *Kulturelle Konsequenzen der "Kleinen Eiszeit"*. Göttingen: Vandenhoeck and Ruprecht.

Behringer, Wolfgang. 2015. *Tambora und das Jahr ohne Sommer: Wie ein Vulkan die Welt in die Krise stürzte*. München: C.H. Beck.

Bennett, Herman L. 2019. *African Kings and Black Slaves: Sovereignty and Dispossession in the Early Modern Atlantic*. Philadelphia: University of Pennsylvania Press.

Bernhardt, Christoph. 2015. *Im Spiegel des Wassers: Eine transnationale Umweltgeschichte des Oberrheins (1800-2000)*. Köln: Böhlau.

Blackburn, Robin. 2010. *The Making of New World Slavery: From the Baroque to the Modern, 1492-1800*. London, New York: Verso.

Blanton, Dennis B. 2000. "Drought as a Factor in the Jamestown Colony, 1607-1612". *Historical Archaeology* 34, n. 4: 74-81.

Bleichmar, Daniela, Paula De Vos, Kristin Huffine, and Kevin Sheehan, ed. (2009). *Science in the Spanish and Portuguese Empires, 1500-1800*. Stanford: Stanford University Press.

Block, Sharon. 2018. *Colonial Complexions: Race and Bodies in Eighteenth-Century America*. Philadelphia: University of Pennsylvania Press.

Bodin, Jean. 1566. *Methodus ad facilem historiarum cognitionem*. Parisijs: Apud Martinum Iuuenem.

Bodin, Jean, and Beatrice Reynolds. 1945. *Method for the Easy Comprehension of History*. New York: Columbia University Press.

Borucki, Alex, David Eltis, and David Wheat. 2015. "Atlantic History and the Slave Trade to Spanish America". *The American Historical Review* 120, n. 2: 433-461.

Burn, Michael J., Jonathan Holmes, Lisa M. Kennedy, Allison Bain, Jim D. Marshall, and Sophia Perdikaris. 2016. "A Sediment-Based Reconstruction of Caribbean Effective Precipitation During the 'Little Ice Age' from Freshwater Pond, Barbuda". *The Holocene* 26, n. 8: 1237-1247.

Burn, Michael J., and Suzanne E. Palmer. 2014. "Solar Forcing of Caribbean Drought Events During the Last Millennium". *Journal of Quaternary Science* 29, n. 8: 827-836.

Burn, Michael J., and Suzanne E. Palmer. 2015. "Atlantic Hurricane Activity During the Last Millennium". *Scientific Reports* 5: 12838.

Cagle, Hugh. 2018. *Assembling the Tropics: Science and Medicine in Portugal's Empire, 1450-1700*. Cambridge, New York, NY: Cambridge University Press.

Camenisch, Chantal. 2015. *Endlose Kälte: Witterungsverlauf und Getreidepreise in den Burgundischen Niederlanden im 15. Jahrhundert*. Basel: Schwabe.

Campbell, Bruce. 2016. *The Great Transition: Climate, Disease and Society in the Late-Medieval World*. Cambridge, New York: Cambridge University Press.

Canizares Esguerra, Jorge. 1999. "New World, New Stars: Patriotic Astrology and the Invention of Indian and Creole Bodies in Colonial Spanish America, 1600-1650". *The American Historical Review* 104, n. 1: 33-68.

Cañizares-Esguerra, Jorge. 2001. *How to Write the History of the New World. Histories, Epistemologies, and Identities in the Eighteenth-Century Atlantic World*. Stanford: Stanford University Press.

Cañizares-Esguerra, Jorge. 2009a. "Demons, Stars and the Imagination. The Early Modern Body in the Tropics". En *The Origins of Racism in the West*, Ben Isaac, Miriam Eliav-Feldon e Yossi Ziegler (ed.), 313-325. Cambridge: Cambridge University Press.

Cañizares-Esguerra, Jorge. 2009b. "Typology in the Atlantic World: Early Modern Readings of Colonization". En *Soundings in Atlantic History. Latent Structures and Intellectual Currents, 1500-1830*, Bernard Baylin y Patricia L. Denault (ed.), 237-264. Cambridge: Harvard University Press.

Carrera, Magali Marie. 2003. *Imagining Identity in New Spain: Race, Lineage, and the Colonial Body in Portraiture and Casta Paintings*. Austin: University of Texas Press.

Casas, Bartolomé de las, Feliciano Ramírez de Arellano Fuensanta del Valle, and José León Sancho Rayón. 1875 (1575). *Historia De Las Indias* (Vol. 2). Madrid: Imprenta de Miguel Ginesta.

Chakrabarty, Dipesh. 2009. "The Climate of History: Four Theses". *Critical Inquiry* 35, n. 2: 197-222.

Chaplin, Joyce E. 2001. *Subject Matter: Technology, the Body, and Science on the Anglo-American Frontier, 1500-1676*. Cambridge, London: Harvard University Press.

Chaplin, Joyce E. 2002. "Race". En *The British Atlantic World, 1500-1800*, David Armitage y Michael J. Braddick (ed.), 154-172. Basingstoke: Palgrave-Macmillan.

Colón, Cristóbal, y Consuelo Varela. 1982. *Textos y documentos completos: Relaciones de viajes, cartas y memoriales*. Madrid: Alianza.

Cook, Noble David. 1993. "Disease and the Depopulation of Hispaniola 1492-1518". *Colonial Latin America Review* 2, n. 1-2: 211-245.

Cook, Noble David. 2002. "Sickness, Starvation, and Death in Early Hispaniola". *The Journal of Interdisciplinary History* 32, n. 3: 349-386.

Crosby, Alfred. 1986. *Ecolocigal Imperialism. The Biological Expansion of Europe, 900 - 1900*. Cambidge: Cambridge University Press.

Crosby, Alfred W. 1972. *The Columbian Exchange. Biological and Cultural Consequences of 1492*. Westport: Greenwood Press.

Crutzen, Paul J., and Eugene F. Stoermer. 2000. "The 'Anthropocene'". *International Geosphere-Biosphere Program* (IGBP) Newsletter 41, n. May: 17.

Curran, Andrew S. 2011. *The Anatomy of Blackness: Science and Slavery in an Age of Enlightenment*. Baltimore: Johns Hopkins University Press.

Deagan, Kathleen A. 2010. "Native American Resistance to Spanish Presence in Hispaniola and La Florida, Ca. 1492-1650". En *Enduring Conquests. Rethinking the Archaeology of Resistance to Spanish Colonialim in the Americas*, Matthew Liebmann y Melissa S. Murphy (ed.), 41-56. Santa Fe: School for Advanced Research Press.

Deagan, Kathleen y J. O. S. Cruxent. 2002. "Reluctant Hosts. The Taínos of Hispaniola". En *Columbus's Outpost among the Taínos. Spain and America at La Isabela, 1493-1498*, Kathleen Deagan y J. O. S. Cruxent (ed.), 23-46. New Haven: Yale University Press.

Delbourgo, James y Nicholas Dew. 2008. *Science and Empire in the Atlantic World.* New York: Routledge.

Dictionnaire de l'Académie Française. 1798. Acclimater. En University of Chicago: ARTFL Encyclopédie Project (Spring 2011 (Ed.), Dictionnaire de l'Académie Française. (5th ed.), http://encyclope-die.uchicago.edu/, acceso December 12, 2019.

Dueck, Daniela, and Kai Brodersen. 2012. *Geography in Classical Antiquity.* Cambridge: Cambridge University Press.

Earle, Rebecca. 2010. "'If You Eat Their Food ...': Diets and Bodies in Early Colonial Spanish America". *The American Historical Review* 115, n. 3: 688-713.

Earle, Rebecca. 2012. *The Body of the Conquistador: Food, Race, and the Colonial Experience in Spanish America, 1492-1700.* Cambridge, New York: Cambridge University Press.

Eltis, David. 1997. *Routes to Slavery. Direction, Ethnicity and Mortality in the Transatlantic Slave Trade.* London: Cass.

Eltis, David. 2000. *The Rise of African Slavery in the Americas.* Cambridge: Cambridge University Press.

Eltis, David y Martin Halbert. 2013. The Transatlantic Slave Trade Database. Recuperado de https://www.slavevoyages.org/, acceso December 30, 2019.

Eltis, David, Frank D. Lewis y Kimberly McIntyre. 2010. "Accounting for the Traffic in Africans: Transport Costs on Slaving Voyages". *The Journal of Economic History* 70, n. 4: 940-963.

Emile-Geay, Julien, Kimberly M. Cobb, Michael E. Mann y Andrew T. Wittenberg. 2013. "Estimating Central Equatorial Pacific SST Variability over the Past Millennium. Part II: Reconstructions and Implications". *Journal of Climate* 26, n. 7: 2329-2352.

Epple, Angelika. 2015. "Doing Comparisons: Ein praxeologischer Zugang zur Geschichte Der Globalisierung/en". En *Die Welt beobachten: Praktiken des Vergleichens*, Angelika Epple y Walter Erhart (ed.), 161-202. Frankfurt am Main: Campus Verlag.

Epple, Angelika. 2020. "Comparing Europe and the Americas: The Dispute of the New World between the Sixteenth and Nineteenth Centuries". En *The Force of Comparisons. A New Perspective on Modern European History and the Contemporary World,* Willibald Steinmetz (ed.). New York: Berghahn Books.

Epple, Angelika y Walter Erhart, ed. (2015). *Die Welt Beobachten: Praktiken Des Vergleichens*. Frankfurt am Main: Campus Verlag.

Epple, Angelika y Kirsten Kramer. 2016. "Globalization, Imagination, Social Space: The Making of Geopolitical Imaginaries". *Forum for Inter-American Research FIAR* 9, n. 1: 41-63.

Epple, Angelika y Ulrike Lindner. 2011. "Introduction: Entangled Histories. Reflecting on Concepts of Coloniality and Postcoloniality". *Comparativ. Zeitschrift für Globalgeschichte und Vergleichende Gesellschaftsgeschichte* 21, n. 1: 7-13.

Evers, Hans Dieter. 1986. "Subsistenzproduktion, Markt Und Staat: Der Sogenannte Bielefelder Ansatz". Bielefeld University: Sociology of Development Research Centre. Working Papers, n. 85: 1-15.

Fernandez de Oviedo y Váldez, Gonzalo. 1851 (1535). *Historia General Y Natural De Las Indias: Islas Y Tierra Firme Del Mar Océano*. Madrid: Real Academia de la Historia.

Feros, Antonio. 2017. *Speaking of Spain: The Evolution of Race and Nation in the Hispanic World*. Cambridge, Massachusetts: Harvard University Press.

Funes Monzote, Reinaldo. 2008. *De Los bosques a los cañaverales: Una historia ambiental de Cuba 1491-1926*. La Habana: Editorial de Ciencias Sociales.

Gailus, Manfred. 2001. "Die Erfindung des 'Korn-Juden'. Zur Geschichte Eines antijüdischen Feindbildes des 18. und 19. Jahrhunderts". *Historische Zeitschrift* 272: 597–622.

García, Gregorio. 1607. *Origen de los Indios de el Nuevo Mundo, e Indias occidentales, averiguado con discurso de opiniones*. Valencia: Pedro Patricio Mey.

Gerbi, Antonello y Jeremy Moyle. 2010. *The Dispute of the New World. The History of a Polemic, 1750-1900.* Pittsburgh: University of Pittsburgh Press.

Ghosh, Amitav. 2016. *The Great Derangement: Climate Change and the Unthinkable.* Chicago: Chicago University Press.

Girolamo, Vittorio. 1609. *Raça. En Tesoro, de las tres lenguas francesa, italiana y española. Thresor des trois langues françoise, italienne et espagnolle.* Ginebra: Philippe Albert y Alexandre Pernet.

Goldenberg, David. 2003. *The Curse of Ham: Race and Slavery in Early Judaism, Christianity, and Islam.* Princeton: Princeton University Press.

Goldenberg, David. 2017. *Black and Slave: The Origins and History of the Curse of Ham.* Berlin: De Gruyter.

Groebner, Valentin. 2004. "Complexio/ Complexion: Categorizing Individual Natures, 1250-1600". En *The Moral Authority of Nature*, Lorraine Daston y Fernando Vidal (ed.). Chicago: Chicago University Press.

Grove, Richard y George Adamson. 2018. *El Niño in World History.* London: Palgrave McMillan.

Grove, Richard H. 1996. *Green Imperialism. Colonial Expansion, Tropical Island Edens and the Origins of Environmentalism 1600-1860.* Cambridge Cambridge University Press.

Hanger, Kimberly. 1993. "Conflicting Loyalties: The French Revolution and Free People of Color in Spanish New Orleans". *Louisiana History: The Journal of the Louisiana Historical Association* 34, n. 1: 5-33.

Hannaford, Matthew. 2018. "Long-Term Drivers of Vulnerability and Resilience to Drought in the Zambezi-Area of Southern Africa, 1505–1830". *Global and Planetary Change* 166: 94-106.

Hannaford, Matthew J. y David J. Nash. 2016. "Climate, History, Society over the Last Millennium in Southeast Africa". *WIRES Climate Change* 7, n. 3: 370-392.

Hensley, Nathan K. y Philip Steer. 2019. *Ecological Form. System and Aesthetics in the Age of Empire.* New York: Fordham University Press.

Jankovic, Vladimir. 2000. *Reading the Skies. A Cultural History of the English Weather, 1650-1820*. Manchester: Manchester University Press.

Kaltmeier, Olaf, Ulrike Lindner y Binu Mailaparambil. 2011. "Reflecting on Concepts of Coloniality/Postcoloniality in Latin American, South Asian and African Historiography". *Comparativ. Zeitschrift für Globalgeschichte und Vergleichende Gesellschaftsgeschichte* 21, n. 1: 14-31.

Kay, Cristóbal. 1989. *Latin American Theories of Development and Underdevelopment*. London: Routledge.

Klein, Herbert S. y Ben Vinson. 2007. *African Slavery in Latin America and the Caribbean*. Oxford; New York: Oxford University Press.

Kocka, Jürgen. 2001. "Einladung Zur Diskussion". *Geschichte und Gesellschaft* 27, n. 3: 463.

Koselleck, Reinhart, Stefan-Ludwig Hoffmann y Sean Franzel. 2018. *Sediments of Time: On Possible Histories*. Stanford, California: Stanford University Press.

Kupper, Patrick. 2014. *Creating Wilderness. A Transnational History of the Swiss National Park*. New York: Berghahn Books.

Kupperman, Karen Ordahl. 1979. "Apathy and Death in Early Jamestown". *The Journal of American History* 66, n. 1: 24-40.

Kupperman, Karen Ordahl. 1982. "The Puzzle of the American Climate in the Early Colonial Period". *American Historical Review* 87, n. 5: 1262–1289.

Kupperman, Karen Ordahl. 1984. "Fear of Hot Climates in the Anglo-American Colonial Experience". *William and Mary Quarterly* 41, n. 2: 213-240.

Kupperman, Karen Ordahl. 2007. *The Jamestown Project*. Cambridge, MA: Belknap Press of Harvard University Press.

Lane, Chad S., Sally P. Horn, Kenneth H. Orvis y John M. Thomason. 2011. "Oxygen Isotope Evidence of Little Ice Age Aridity on the Caribbean Slope of the Cordillera Central, Dominican Republic". *Quaternary Research* 75, n. 3: 461-470.

Livi Bacci, Massimo. 2008. *Conquest: The Destruction of the American Indios*. Cambridge: Polity Press.

Livingstone, David N. 1991. "The Moral Discourse of Climate: Historical Considerations on Race, Place and Virtue". *Journal of Historical Geography* 17, n. 4: 413-434.

Livingstone, David N. 2002. "Race, Space and Moral Climatology: Notes toward a Genealogy". *Journal of Historical Geography* 28, n. 2: 159-180.

Long, Edward. 1774. *The History of Jamaica or General Survey of the Antient and Modern State of That Island with Reflections on Its Situation, Settlement, Inhabitants, Climate, Products, Commerce, Laws, and Governments* (Vol. III). London: T. Lowndes.

Malaizé, B., P. Bertran, P. Carbonel, D. Bonnissent, K. Charlier, D. Galop, D. Imbert, N. Serrand, C. Stouvenot C. Pujol. 2011. "Hurricanes and Climate in the Caribbean During the Past 3700 Years Bp". *The Holocene*, n. Abril 20: DOI: 10.1177/0959683611400198.

Mandelblatt, Bertie. 2008. "Beans from Rochel and Manioc from Prince's Island: West Africa, French Atlantic Commodity Circuits, and the Provisioning of the French Middle Passage". *History of European Ideas* 34: 411-423.

Mandelblatt, Bertie. 2013. "How Feeding Slaves Shaped the French Atlantic: Mercantilism and the Crisis of Food Provisioning in the Franco-Caribbean During the Seventeenth and Eighteenth Centuries". En *The Political Economy of Empire in the Early Modern World*, Sophus Reinert y Pernille Røge (ed.), 192-220, Basingstoke: Palgrave Macmillan.

Mandelblatt, Bertie. 2016. "'A Land Where Hunger Is in Gold and Famine Is in Opulence': Plantation Slavery, Island Ecology, and the Fear of Famine in the French Caribbean." En *Fear and the Shaping of Early American Societies*, Lauric Henneton y Lyndal H. Roper (ed.), 243-264. Leiden: Brill.

Margry, Pierre. 1881. *Découvertes et établissements des Français dans l'ouest et dans le sud de l'amérique septentrionale (1614-1754). Mémoires et documents originaux. Découverte par mer des bouches du Mississippi et établissments de Le Moyne d'Iberville sur le Golfe du Méxique (1694-1703)* (Vol. 4). Paris: Maisonneuve et Cie.

Matei-Chesnoiu, Monica. 2015. *Geoparsing Early Modern English Drama*. New York: Palgrave Macmillan.

Mauelshagen, Franz. 2010. *Klimageschichte Der Neuzeit 1500 - 1900*. Darmstadt: WBG.

Mauelshagen, Franz. 2011. *Wunerkammer auf Papier. Die Wickiana zwischen Reformation und Volksglaube*. Epfendorf: Bibliotheca Academica Verlag.

Mauelshagen, Franz. 2017a. "Anthropozän". En Staatslexikon (8th ed., Vol. 1, 241-244. Freiburg im Breisgau: Herder.

Mauelshagen, Franz. 2017b. "Bridging the Great Divide. The Anthropocene as a Challenge to the Social Sciences and Humanities". En *Religion and the Anthropocene*, C. Deane-Drummond, M. Vogt, and S. Bergmann (ed.), 87-102. Eugene, OR.

Mauelshagen, Franz. 2017c. "Reflexiones acerca del Anthropoceno". Desacatos 54: 74-89.

Mauelshagen, Franz. 2018. "Climate as a Scientific Paradigm — Early History of Climatology to 1800". En *The Palgrave Handbook of Climate History*, Sam White, Christian Pfister y Franz Mauelshagen (ed.). Basingstoke: Palgrave Macmillan.

Mauelshagen, Franz. 2019. "Die Große Stoffwechselanomalie". En *Transformationsgesellschaften*, Michaela Christ, Bernd Sommer y Klara Stumpf (ed.), 18-46. Weimar: Metropolis.

McClellan, James E. 2010. *Colonialism and Science. Saint Domingue in the Old Regime*. Baltimore: Johns Hopkins University Press.

McCook, Stuart. 2002. *States of Nature: Science, Agriculture, and Environment in the Spanish Caribbean, 1760-1940*. Austin: University of Texas Press.

McCook, Stuart. 2011. "The Neo-Columbian Exchange: The Second Conquest of the Greater Caribbean, 1720-1930". *Latin American Research Review* 46.

McLean, Hector. 1797. *An Enquiry into the Nature and Causes of the Great Mortality among the Troops at St. Domingo. With Practical Remarks on the Fever of That Island and Directions for the Conduct of Europeans on Their First Arrival in Warm Climates*. London: Impreso para T. Cadell Jun. y W. Davies.

McNeill, John R. 2010. *Mosquito Empires: Ecology and War in the Greater Caribbean, 1620–1914*. Cambridge: Cambridge University Press.

Meyer, William B. 2000. "Appendix A: Climate and Migration". En *The Role of Migration in the History of the Eurasian Steppe. Sedentary Civilization Vs. "Barbarian" and Nomad*, Andrew Bell-Fialkoff (ed.). New York: St. Martin's Press.

Middell, Matthias. 2000. "Kulturtransfer und Historische Komparatistik. Thesen zu ihrem Verhältnis". *Comparativ. Zeitschrift für Globalgeschichte und Vergleichende Gesellschaftsgeschichte* 10, n. 1: 7-41.

Millás, José Carlos y Leonard Pardue. 1968. *Hurricanes of the Caribbean and Adjacent Regions, 1492-1800*. Miami, Fla.: Academy of the Arts and Sciences of the Americas.

Mira Caballos, Esteban. 1997. *El Indio Antillano. Repartimiento, Encomienda Y Esclavitud* (1492-1542). Sevilla: Munoz Moya Editora.

Moya Pons, Frank y Rosario Flores Paz, ed. (2013). *Los Taínos en 1492. El debate demográfico*. Santo Domingo: Academia Dominicana de la Historia.

Navarrete, Martín Fernández de. 1825. *Colección de los viajes y descubrimientos que hicieron por mar los Españoles desde fines del siglo XV con varios documentos inéditos concernientes a la historia de la marina Castellana y de los establecimientos Españoles en Indias*. Madrid: Imprenta Nacional.

Newman, Brooke N. 2018. *A Dark Inheritance: Blood, Race, and Sex in Colonial Jamaica*. New Haven: Yale University Press.

Osborne, Michael A. 2000. "Acclimatizing the World. A History of the Paradigmatic Colonial Science". Osiris 15: 135-151.

Osborne, Michael A. 2014. *The Emergence of Tropical Medicine in France*. Chicago: University of Chicago Press.

Parker, Geoffrey. 1983. "Die Entstehung des Modernen Geld- und Finanzwesens in Europa 1500-1730". En *Europäische Wirtschaftsgeschichte*, Carlo M. Cipolla y K. Borchardt (ed.), Vol. 2, 335-379. Stuttgart: Gustav Fischer Verlag.

Parry, John H. y Robert J. Keith, ed. (1984). *New Iberian Worlds. A Documentary History of the Discovery and Settlement of Latin America to the Early 17th Century*. New York: The New York Times Books.

Pfister, Christian. 2007. "Climatic Extremes, Recurrent Crises and Witch Hunts. Strategies of European Societies in Coping with Exogenous Shocks in the Late Sixteenth and Early Seventeenth Centuries". *Medieval History Journal* 10: 33-73.

Pfister, Christian y Rudolf Brázdil. 1999. "Climatic Variability in Sixteenth-Century Europe and Its Social Dimension: A Synthesis". Climatic Change 43: 5-53.

Pfister, Christian y Rudolf Brázdil. 2006. "Social Vulnerability to Climate in the "Little Ice Age." An Example from Central Europe in the Early 1770s". *Climate of the Past Discussions* 2: 123-155.

Pribyl, Kathleen. 2017. *Farming, Famine and Plague the Impact of Climate in Late Medieval England*. Cham: Springer.

Raudzens, George. 1996. "Why Did Amerindian Defences Fail? Parallels in the European Invasions of Hispaniola, Virginia and Beyond". *War in History* 3, n. 3: 331-352.

Reinhard, Wolfgang. 2016. *Die Unterwerfung der Welt: Globalgeschichte der Europäischen Expansion*, 1415-2015. München: C.H. Beck.

Renny, Robert. 1807. *An History of Jamaica: With Observations on the Climate, Scenery, Trade, Productions, Negroes, Slave Trade, Diseases of Europeans, Customs, Manners, and Dispositions of the Inhabitants: To Which Is Added, an Illustration of the Advantages Which Are Likely to Result from the Abolition of the Slave Trade*. London: Impreso para J. Cawthorn.

Rockman, Marcy. 2003. "Knowledge and Learning in the Archaeology of Colonization". En *Colonization of Unfamiliar Landscapes. The Archaeology of Adaptation*, Marcy Rockman y James Steele (ed.), 3-24. New York: Routledge.

Rohland, Eleonora. 2016. "Hurricanes on the Gulf Coast: Environmental Knowledge and Science in Louisiana, the Caribbean, and the U.S., 1722-1900". En *Works of Nature: Global Scientific Practice During the Age of Revolutions*, Daniel Rood y Patrick Manning (ed.), 38-53. Pittsburgh: University of Pittsburgh Press.

Rohland, Eleonora. 2017. "Adapting to Hurricanes. A Historical Perspective on New Orleans from Its Foundation to Hurricane Katrina, 1718–2005". *WIRES Climate Change*. DOI: 10.1002/wcc.1488.

Rohland, Eleonora. 2019. *Changes in the Air. Hurricanes in New Orleans from 1718 to the Present*. Oxford, New York: Berghahn Books.

Rohland, Eleonora, Angelika Epple, Antje Flüchter y Kirsten Kramer, ed. (próximo 2020). *Contact, Conquest, and Colonization: How Practices of Comparing Shaped Empires and Colonialism around the World*. New York: Routledge.

Rütten, Markus. 2012. "Early Modern Medicine". En *The Oxford Handbook of the History of Medicine*, Mark Jackson (ed.), 60-81. Oxford: Oxford University Press.

Said, Edward W. 1978. *Orientalism*. London: Routledge and Kegan Paul.

Sánchez Valverde, Antonio. 1785. *Idea del valor de la isla Española, y utilidades, que de ella puede sacar su Monarquía*. Madrid: Don Pedro Marin.

Sauer, Carl Ortwin. 1966. *The Early Spanish Main*. Berkeley: University of California Press.

Schiebinger, Londa L. 2004. *Nature's Body: Gender in the Making of Modern Science*. New Brunswick, N.J.: Rutgers University Press.

Schiebinger, Londa L. 2017. *Secret Cures of Slaves: People, Plants, and Medicine in the Eighteenth-Century Atlantic World*. Stanford, California: Stanford University Press.

Schulz, Raimund. 2016. *Abenteurer der Ferne. Die großen Entdeckungsfahrten und das Weltwissen der Antike*. Stuttgart: Klett-Kotta.

Schwartz, Stuart B. 2004. *Tropical Babylons: Sugar and the Making of the Atlantic World, 1450-1680*. Chapel Hill: University of North Carolina Press.

Seth, Suman. 2014. "Materialism, Slavery, and the History of Jamaica". *Isis* 105, n. 4: 764-772.

Seth, Suman. 2018. *Difference and Disease. Medicine, Race, and the Eighteenth-Century British Empire.*

Sheridan, Richard B. 1976. "The Crisis of Slave Subsistence in the British West Indies During and after the American Revolution". *William and Mary Quarterly* 33, n. 4: 615-641.

Siraisi, Nancy G. 1990. *Medieval and Early Renaissance Medicine: An Introduction to Knowledge and Practice.* Chicago: University of Chicago Press.

Smith, John, Edward Arber y A. G. Bradley. 1910. *Travels and Works of Captain John Smith President of Virginia and Admiral of New England, 1580-1631.* Edinburgh: John Grant.

Steffen, Will, Jacques Grinevald, Paul Crutzen y John R. McNeill. 2011. "The Anthropocene. Conceptual and Historical Perspectives". *Philosophical Transactions of the Royal Society* A 369: 842-867.

Subrahmanyam, Sanjay. 1997. "Connected Histories: Notes Towards a Reconfiguration of Early Modern Eurasia". *Modern Asian Studies* 31, n. 3: 735-762.

Tyrrell, Ian R. 1991. "American Exceptionalism in an Age of International History". *American Historical Review* 96, n. 4: 1031-1055.

Wallerstein, Immanuel Maurice. 1974. *The Modern World-System.* New York, N.Y.: Academic Press.

Watts, David. 1984. "Cycles of Famine in Islands of Plenty: The Case of the Colonial West Indies in the Pre-Emancipation Period". En *Famine as a Geographical Phenomenon*, Bruce Currey y Graeme Hugo (ed.), 49-70. Dodrecht: D. Reidel Publishing Company.

Werner, Michael y Bénédicte Zimmermann. 2002. "Vergleich, Transfer, Verflechtung. Der Ansatz der Histoire Croisée und die Herausforderung des Transnationalen". *Geschichte und Gesellschaft* 28, n. 4: 607-636.

Werner, Michael y Bénédicte Zimmermann. 2006. "Beyond Comparison. Histoire Croisée and the Challenge of Reflexivity". *History and Theory* 45, n. February: 30-50.

Weuves, M. 1780. *Réflexions historiques et politiques sur le commerce de France avec ses colonies de l'Amérique.* Paris: L. Cellot.

Wey Gomez, Nicolás. 2013. "Memorias de la zona tórrida: El naturalismo clásico y la 'Tropicalidad' Americana en el sumario de la natural historia de las Indias de Gonzalo Fernández De Oviedo (1526)". *Revista de Indias* 73, n. 259: 609-632.

Wey Gómez, Nicolás. 2008. *The Tropics of Empire: Why Columbus Sailed South to the Indies*. Cambridge: MIT Press.

White, Richard. 1999. "The Nationalization of Nature". *Journal of American History* 86, n. 3: 976-986.

White, Sam, Christian Pfister y Franz Mauelshagen, ed. (2018). *Palgrave Handbook of Climate History*. Basingstoke: Palgrave Macmillan.

Wilson, Samuel Meredith. (1990). *Hispaniola: Caribbean Chiefdoms in the Age of Columbus*. Tuscaloosa: University of Alabama Press.

Worster, Donald. 1982. "World without Borders: The Internationalizing of Environmental History ". *Environmental History* 6, n. 2: 8-1